Lust auf Tapas, Mezze & Co.

Knusprige Crostini, saftige Dolmades und heiße Tortillas. Snacking durch den Süden Europas

südwest

Inhalt

Frisches muss sein: griechischer Hirtensalat mit Schafskäse.

Genießen wie am Mittelmeer: gefüllte Sardinen.

Marinierte Zucchini sind ein Klassiker unter den mediterranen Snacks.

Tapas, Antipasti, Mezze
Delikate Häppchen
Genießen wie am Mittelmeer

Oliven – ob grün oder schwarz, mit den unterschiedlichsten Gewürzen und Kräutern eingelegt – sind die Grund-Tapas schlechthin.

Aus der Lust an Geselligkeit, am Bedürfnis, mit Freunden zusammenzusitzen, zu plaudern, Neuigkeiten auszutauschen und dabei ein Glas Wein oder ein anderes alkoholisches Getränk zu genießen, entwickelte sich vermutlich die rund ums Mittelmeer einzigartige Kultur der kleinen Snacks, je nach Region genannt Tapas, Antipasti, Mezze oder Meze.

Weil man die Wirkung des Alkohols im südlichen Klima wohl einzuschätzen weiß, wird nie etwas getrunken, ohne dazu ein Häppchen zu essen, und seien es nur einige Gemüsestreifen, ein Schälchen mit Oliven, gerösteten Mandeln, Nüssen oder Kichererbsen. Sie werden in Spanien, in Italien, in Griechenland oder der Türkei wie selbstverständlich zum Getränk gereicht.

Aus der Fülle kleiner Schüsseln und Schälchen möchte man am liebsten alles probieren. Je größer die Runde, desto umfangreicher darf aufgetischt werden.

In Spanien

Tapas heißen in Spanien die kleinen Snacks, die an den Theken der Bars und Restaurants angeboten und im Stehen genossen werden. Dazu trinkt man meistens einen gekühlten Fino, einen trockenen Sherry, oder ein Glas Bier. Aber auch ein leichter Weißwein ist angebracht. Der Name »Tapa« bedeutet Deckel. Ursprünglich, so wird erzählt, war dieser Deckel ein Stück Brot mit einem Scheibchen Salami oder Käse, mit dem das Glas zum Schutz abgedeckt wurde. Zu den beliebtesten Tapas zählen heute die Datteln im Speckmantel, Perlzwiebeln in Sherryessig oder Champignons in Sherry.

In Italien

Gemüse und Meeresfrüchte dominieren bei den Antipasti aus Italien. Aber auch besondere Leckerbissen aus Fleisch lässt man sich gern schmecken. Bei der Zubereitung der kalten und warmen Gemüsegerichte spielt das gute Olivenöl, das in vielen Regionen Italiens, vor allem in der Toskana, aber auch in Apulien, auf Sardinien und auf Sizilien, hergestellt wird, eine wichtige Rolle. Auf ein qualitätvolles extra natives Olivenöl sollte man bei der Zubereitung aller Mittelmeergerichte Wert legen. Eine besondere Spezialität im Antipastiangebot sind die Crostini, die gerösteten Brotscheibchen oder -ecken mit ihren würzigen Pasten, die sich unkompliziert aus der Hand essen lassen.

In Griechenland

Kleine Spinattäschchen, Käsecreme oder Kaviarpaste – viele der herzhaften Mezze oder Mezethakia genannten Vorspeisen kennt man aus dem Griechenlandurlaub. Wie alle kleinen Gerichte am Mittelmeer sind sie unkompliziert in der Zubereitung. Spezielle Kniffe verraten die Rezepte. Typisch griechische Zutaten wie Fillo-Teig erhält man im griechischen oder türkischen Lebensmittelladen. Und den berühmten griechischen Feta-Käse aus Schafs-, Ziegen- oder Kuhmilch und dicken griechischen Joghurt gibt es heute schon in jedem Supermarkt.

In der Türkei

Wie bei den griechischen Nachbarn und am gesamten östlichen Mittelmeer, in Syrien und im Libanon, fällt auch in der Türkei das Vorspeisenangebot recht üppig aus. Hier sind es vor allem die Pasten aus Hülsenfrüchten, die Gemüsegerichte mit Joghurt, die in Weinblättern gegrillten Sardinen und vieles mehr, was den Gast begeistert. Hier duftet und schmeckt alles schon ein bisschen nach Orient, nach Kreuzkümmel, nach Sesam und ungewöhnlichen Kräuterkombinationen.

Die kleinen Häppchen vom Mittelmeer sind ideal für jede Party.

Was ist was?
Die Zutaten
Spezialitäten vom Mittelmeer

Zucchiniblüten sind eine Delikatesse, aber nur kurz erhältlich. Greifen Sie daher schnell zu!

Alle Zutaten, die man für Tapas & Co. benötigt, findet man auch bei uns.

Die Gemüse

Spitzpaprikaschoten sind hellgrün und meistens mild. Wechselt die Farbe zu dunklerem Grün über, kann man davon ausgehen, dass sie schärfer sind. Diese Schoten, die hauptsächlich aus der Türkei kommen, werden für Salat oder zum Braten und Grillen verwendet.

Artischocken Abgeschnitten werden die harten Blattspitzen bis zu den fleischigen Ansätzen. Die Samenfäden in der Artischockenmitte, auch Heu genannt, kann man mit einem Teelöffel auskratzen. Zum Einlegen (Rezept Seite 48) eignen sich kleine ovale Artischocken am besten.

Auberginen gibt es im Süden von oval bis rund und länglich schmal. Die Schale lässt sich für Auberginenpaste (Rezept Seite 45) leicht abziehen, wenn man die Früchte vorher im Ofen backt und unter fließendem kaltem Wasser abschreckt.

Zucchini und **Zucchiniblüten** Suchen Sie kleine Zucchini aus, die fleischiger sind und kleine Kerne enthalten. Für Zucchinipuffer (Rezept Seite 60) lässt man das geraspelte Gemüse mit etwas Salz ziehen und drückt das Wasser aus, damit die Masse nicht zu flüssig wird. Zucchiniblüten zum Füllen kommen im späten Frühjahr auch bei uns auf den Markt, manchmal mit anhängenden kleinen Zucchini. Diese können mitfrittiert werden. Zuvor schneidet man sie der Länge nach kreuzweise ein.

Borlotti-Bohnen Von den aus Italien stammenden bräunlichen, mit roten und grünen Sprenkeln oder Streifen markierten Schoten werden die frischen Kerne verwendet, die im Herbst auf den Markt kommen.

Weinblätter Die in Salzlake eingelegten Blätter vom Rebstock finden in der griechischen und türkischen Küche Verwendung, um Reismischungen oder kleine Fische vor dem Dünsten oder Grillen darin einzuwickeln. Weinblätter gibt es im Folienbeutel eingeschweißt oder im Glas im Supermarkt oder im türkischen oder griechischen Lebensmittelgeschäft. Für gefüllte Weinblätter (Rezept Seite 52) werden die Blätter kurz blanchiert oder gewässert, um sie zu entsalzen und auch weicher zu machen.

Besondere Zutaten

Pulbiber Grob oder fein geschrotete, mittelscharfe oder scharfe, getrocknete rote Chilischoten. Dieses Gewürz wird hauptsächlich in der türkischen Küche verwendet und ist in türkischen Lebensmittelgeschäften erhältlich.

Paprikapaste Eine scharfe, gesalzene Paste aus Chilischoten aus der Türkei. Als Ersatz können Sambal oelek aus Indonesien oder tunesisches Harissa verwendet werden.

Dolmades, gefüllte Weinblätter, gehören zu den klassischen griechischen Mezze.

Tahin Diese Paste aus gemahlenem Sesam gibt es im türkischen oder griechischen Lebensmittelladen, im Naturkostladen oder im Reformhaus.

Bulgur Grütze aus vorgegartem, getrocknetem Weizen. Es gibt ihn fein, mittel oder grob geschrotet im türkischen oder griechischen Lebensmittelgeschäft oder im Naturkostladen. Bulgur wird wie Reis gegart, nur kürzer, oder für Salat nur leicht angefeuchtet (Rezept Seite 38).

Taramo Den Meeräschenkaviar gibt es gepresst im griechischen Lebensmittelladen. Er ist sehr salzig, und für die Paste nimmt man nur wenig davon.

Yufka- und **Fillo-Teig** Zwei Strudelteige für Teigröllchen und ähnliche Gerichte. Türkischer Yufka ist dicker als der hauchdünne griechische Fillo. Man erhält sie zusammengerollt und in Folie eingeschweißt im griechischen oder türkischen Lebensmittelladen.

Die passenden Getränke

Der vollendete Genuss

Der perfekte Begleiter zu spanischen Tapas ist ein trockener, gut gekühlter Sherry.

Ob am westlichen oder östlichen Mittelmeer, in Spanien oder in der Türkei, jedes Land hat seine eigenen Getränke und Trinkgewohnheiten, so auch zu den Tapas, Mezze & Co. Doch wählen Sie selbst, was Ihnen am besten dazu schmeckt. Wichtig: den Einkauf rechtzeitig planen, um Stress zu vermeiden und z. B. Wein nach dem Transport eine Ruhepause zu gönnen.

Sherry zu Tapas

Der klassische Sherry zu den spanischen Tapas ist der trockene Fino, der gut gekühlt getrunken wird. Kenner bevorzugen vielleicht auch einen Manzanilla von Sanlúcar de Barrameda mit seinem leicht salzigen Beigeschmack und der zartbitteren Note. Diese Sherryspezialität findet man bei uns in speziellen spanischen Weinläden. Gern trinkt der Spanier am Mittag oder frühen Abend an der Tapatheke ein kühles, leichtes, erfrischendes Bier oder ein Glas Cava, spanischen Sekt. Im Sommer genießt man auch eine leichte Sangria, eine Rotweinbowle, zum Snack.

Prosecco zu Antipasti

Zum Empfang der Gäste als Aperitif oder zu leichten Antipasti wie Schinken mit Früchten oder Oliven reichen Sie ein Glas prickelnden Prosecco oder Vino Spumante, der erfrischt und die Stimmung lockert. Dann kann man zu Wein übergehen, wobei weiß oder rot nicht unbedingt die Frage ist. Trocken und leicht sollte er sein und zu den unterschiedlichsten Arten der Vorspeisen und kleinen Snacks aus Italien oder anderen Regionen passen. Legen Sie sich auf eine oder zwei Weinsorten fest, der Bekömmlichkeit wegen. Wer von den Weißweinen einen

Soave oder Frascati, einen Südtiroler Weißburgunder oder Gavi aus Piemont wählt, hat einen Wein, der praktisch die ganze Antipastipalette begleiten kann. Besondere Empfehlung: Tocai aus dem Friaul mit feiner, frischer Säure. Eine wunderbare Ergänzung zu Antipasti mit Fleisch: ein Chianti Classico aus der Toskana.

Ouzo zu Mezze

Ouzo, Anisschnaps, mit Eiswasser verdünnt, eine Art Longdrink also, passt zu allen griechischen Vorspeisen. Vor allem im Hochsommer, wenn sein Alkoholgehalt durch eine großzügigere Wasserzugabe drastisch gesenkt wurde, schätzt man ihn als leichtes, besonders erfrischendes und bekömmliches Getränk. Nicht zu verachten sind die griechischen Weine, die aus dem Norden des Landes, von Attika, vom Peloponnes oder den Inseln stammen. Man findet sie auch bei uns im gut sortierten Supermarkt.

Raki zu Meze

Das Hauptgetränk zum umfangreichen Meze-Vorspeisenangebot der Türkei ist der Raki. Wie in Griechenland wird der Anisschnaps mit mehr oder weniger Eiswasser verdünnt oder getrennt getrunken. Man nimmt ihn pur und trinkt einen Schluck Wasser hinterher, um das würzige Anisaroma auf der Zunge wieder zu beleben. Die Türkei ist auch ein wichtiges Weinanbaugebiet, und vor allem Touristen aus Europa schätzen zu den köstlichen, leichten Gerichten die trockenen, fruchtig frischen Weißweine, wie den weißen Trakya, den Villa Neva und Villa Doluca aus Trakien und vom Marmarameer sowie den Cankaya aus Mittelanatolien.

Auch mal ohne Alkohol

Vor allem im Sommer sind die guten Tafel- und Mineralwässer geschätzt, die in jeder Region des Mittelmeers zu finden sind und für eine erfrischende Pause vom Alkohol sorgen. So sollte man auch bei uns für sich und die Gäste ein gutes Wasser gekühlt bereithalten, vor allem, wenn eine Heimfahrt mit dem Auto bevorsteht.

Ouzo ist die geschützte Bezeichnung für einen ausschließlich in Griechenland hergestellten zweifach destillierten Branntwein mit Anis. Sein Alkoholgehalt beträgt mindestens 37,5 %vol.

Aus der Hand
Fingerfood
Kleinigkeiten zum Naschen und Dippen

Viele der köstlichen Tapas, Mezze und Antipasti eignen sich als Fingerfood, wie die mit würzigen Pasten bestrichenen Crostini, die knackigen Gemüsestäbchen und -stücke zum Dippen, die in der Toskana zum unverzichtbaren Vorspeisenangebot zählen. Auch die gebackenen Kleinigkeiten wie Reiskroketten, Teigtaschen, Gemüsekuchen, Minipizzen und zarte Pastetchen aus Griechenland lassen sich unkompliziert aus der Hand essen. Das erhöht den sinnlichen Genuss, spart Geschirr, und – wichtig – eine Hand bleibt frei für das Glas Wein oder ein anderes Getränk.

< *Das Rezept für Crostini mit Leber und Trüffel finden Sie auf Seite 14.*

Wacholderbeeren sollten möglichst ganz gekauft werden, da sie viel aromatischer sind. Schrumpelige Beeren sind nicht von schlechterer Qualität.

Crostini mit Leber und Trüffel

Ein Hauch von Luxus

reicht für 4–6:

200 g frische Hühnerleber
100 g durchwachsener Speck
1 kleine Zwiebel
3 EL Olivenöl
5 Wacholderbeeren
1 Lorbeerblatt
1 sehr kleiner Zweig Rosmarin
100 ml Rotwein
Salz, frisch gemahlener schwarzer Pfeffer
20 g kalte Butter
1 kleine schwarze Trüffel, frisch oder aus der Dose (9 g Abtropfgewicht)
Stangenweißbrot
2–3 Stängel glatte Petersilie zum Garnieren

dauert: 30 Minuten

Weintipp

Ein Prosecco oder leichter, trockener Weißwein aus Venetien oder dem Friaul.

1. Von der Hühnerleber kleine Röhren und Häutchen entfernen, Leber klein schneiden. Den Speck fein würfeln. Die Zwiebel abziehen und fein hacken.

2. In einer Kasserolle das Olivenöl mittelstark erhitzen und zuerst den Speck kurz darin anrösten. Leber, Zwiebel, Gewürze und Kräuter zufügen und unter Wenden 2 Minuten braten. Den Rotwein einrühren und alles weitere 2 Minuten dünsten, bis die Flüssigkeit fast verdampft ist.

3. Die Wacholderbeeren, das Lorbeerblatt und den Rosmarinzweig herausnehmen. Die Leber-Speck-Mischung mit Salz und Pfeffer würzen, mit dem Mixstab zerkleinern und abkühlen lassen. Dann die Butter unterrühren.

4. Frische Trüffel vorsichtig abreiben, Trüffel aus der Dose abtropfen lassen. Trüffel raspeln und die Hälfte der Raspel unter die Creme mischen. Das Brot in Scheiben schneiden, rösten, mit Creme bestreichen, mit dem Trüffelrest bestreuen und mit Petersilienblättchen garnieren.

Tipp

Die Crostini auf einem Bett aus Petersilie anrichten.

Sardinen verdanken ihren Namen ihrem einstmals reichen Vorkommen vor den Küsten Sardiniens. >

So richtig herzhaft

Crostini mit Sardinen-Petersilien-Paste

1. Die Sardinen vorsichtig schuppen, Köpfe, Schwänze und Flossen mit einer Küchenschere abschneiden. Fische ausnehmen und außen und innen unter fließendem kaltem Wasser waschen.

2. In einem mittelgroßen Topf den Wein, 1/4 Liter Wasser und 1 Teelöffel Salz aufkochen. Den Saft von 1/2 Zitrone einrühren. Die Sardinen darin, je nach Größe, bei geringer Hitze in 8 bis 10 Minuten gar ziehen, in einem Sieb abtropfen und abkühlen lassen.

3. Die Fische entgräten und fein hacken. Das Olivenöl untermischen. Die Petersilie waschen, trockenschwenken, fein hacken und unter die Paste mischen. Diese mit Salz und Pfeffer würzen. Baguette in Scheiben schneiden, rösten und dick mit der Paste bestreichen. Die übrige Zitrone in Spalten schneiden und zum Beträufeln dazu anrichten.

reicht für 4–6:

500 g frische Sardinen
1/4 l trockener Weißwein
Salz
1 1/2 unbehandelte Zitronen
80 ml Olivenöl
1 Bund glatte Petersilie
frisch gemahlener Pfeffer
1 Baguette

dauert: 60 Minuten

Tipp

Wer die Paste am Vortag zubereitet, deckt sie mit unbehandelten Zitronenscheiben und Folie ab, hebt sie im Kühlschrank auf und gibt die Petersilie erst kurz vor dem Anrichten dazu.

Steinpilze verderben leicht und werden meist getrocknet angeboten.

Crostini mit Pilzpaste

Raffiniert

reicht für 4–6:

30 g getrocknete Steinpilze
300 g frische Pilze (Pfifferlinge und Champignons)
1 kleine rote Zwiebel
1 Knoblauchzehe
40 g Butter
3 EL Olivenöl
1 Bund glatte Petersilie
1 kleiner Zweig frischer Thymian
Salz, frisch gemahlener schwarzer Pfeffer
2 EL Marsala
Stangenbrot aus dunklem Weizenmehl

dauert: 40 Minuten (plus 3 Stunden einweichen)

1. Die Steinpilze etwa 3 Stunden in wenig Wasser einweichen. Abtropfen lassen, das Einweichwasser auffangen. Frische Pilze putzen, feucht abreiben und mit den eingeweichten Pilzen sehr fein hacken.

2. Zwiebel und Knoblauchzehe abziehen, die Zwiebel in ein Schüsselchen reiben, den Knoblauch durch die Knoblauchpresse drücken und dazugeben.

3. Butter und Olivenöl in einem Topf gut erhitzen. Pilze, Zwiebel und Knoblauch darin anschmoren, das Pilzwasser zugießen und alles offen kochen, bis die Flüssigkeit verdampft ist. Petersilie und Thymian waschen, trockenschwenken und die Blättchen sehr fein hacken.

4. Die Pilze mit Salz und Pfeffer würzen, den Marsala zugießen und verdampfen lassen. Petersilie und Thymian einrühren und die Pilzpaste in einem Schüsselchen abkühlen lassen. Das Brot in Scheiben schneiden, rösten, mit der Paste bestreichen und servieren.

Tipp

Im Blitzhacker lassen sich die Zutaten besonders rasch zu einer Paste verarbeiten. Die bestrichenen Crostini mit Thymian garnieren und sofort servieren, damit das Brot schön kross bleibt.

Die ausgebackenen Brote mit Mozzarella sind sehr schnell fertig und schmecken garantiert allen. >

Echt neapolitanisch

Ausgebackene Brote mit Käse

1. Den Mozzarella in 10 dünne Scheiben schneiden und diese halbieren. Von den Brotscheiben die Rinde dünn abschneiden. Die Scheiben diagonal zu Dreiecken schneiden.

2. Auf die Hälfte der Dreiecke je 1/2 Scheibe Mozzarella legen, die Ränder freilassen. Auf den Käse je 1 Basilikumblatt, 1/4 Teelöffel getrocknete Tomaten, Salz und Pfeffer geben und mit einem Brotdreieck bedecken.

3. Eier und Milch mit Salz und Pfeffer verquirlen. Die Brote von beiden Seiten dünn mit Mehl übersieben und auf eine tiefe Platte legen.

4. Die Eiermilch darüber gießen und stehen lassen, bis die Flüssigkeit aufgesogen ist. Die Dreiecke zwischendurch einmal wenden.

5. Reichlich Olivenöl erhitzen und die Brote von beiden Seiten knusprig ausbacken, entfetten und heiß servieren.

reicht für 4–6:

200 g Mozzarella
10 Scheiben Kastenweißbrot vom Vortag
10 Basilikumblätter
3 EL gehackte, getrocknete Tomaten
Salz, frisch gemahlener Pfeffer
2 Eier
3 EL Milch
3 EL Mehl
Olivenöl zum Ausbacken

dauert: 25 Minuten

Weintipp

Dazu schmeckt ein frischer Rotwein, z. B. ein Chianti.

Reichlich Vitamine

Gemüse mit Olivenöl-Dipsauce

1. Die Gurken waschen, Stiel- und Blütenansätze abschneiden und die Gurken ungeschält schräg in 1/2 Zentimeter dicke Scheiben schneiden. Den Fenchel waschen, zähe Außenblätter und Stiele entfernen und das Herz in Achtel schneiden. Die Fleischtomaten waschen, Stielansätze und Kerne entfernen. Das Fruchtfleisch achteln.

2. Selleriestangen waschen, falls erforderlich die Fäden abziehen. Die Stangen längs und eventuell quer halbieren.

3. Die Paprikaschoten halbieren, Stielansätze, Kerne und Trennwände entfernen. Die Schoten waschen und in Streifen schneiden. Lauchzwiebeln waschen, Wurzelansätze und dunkelgrüne Röhren abschneiden. Die Zwiebelstiele längs halbieren. Radicchio und Salatherzen in einzelne Blätter teilen, waschen und gründlich abtropfen lassen.

4. Alle Gemüse auf einer großen Platte dekorativ anrichten. Die Saucenzutaten cremig zusammenrühren und zum Dippen in einem Schüsselchen dazureichen.

reicht für 8:

je 2 kleine, feste Gurken
2 Fenchelknollen
2 Fleischtomaten
4 zarte Stangen Staudensellerie
je 1 rote und gelbe Paprikaschote
4 Lauchzwiebeln
1 kleiner Radicchio
2 Romanasalatherzen

für die Dipsauce:

100 ml sehr gutes Olivenöl
6 EL Weinessig
Salz, frisch gemahlener Pfeffer
2 EL gehackte Kapern oder 1 TL eingelegte, zerdrückte grüne Pfefferkörner (nach Belieben)

dauert: 40 Minuten

Tipp

Pinzimonio – rohes Gemüse mit Olivenöldip – stammt aus der Toskana. Diese einfache, schnell zubereitete Vorspeise kann durch rohe Champignon- und Eiviertel ergänzt werden.

< ***Vitamine zum Knabbern mit einem einfachen, aber köstlichen Dip.***

Reiskroketten mit Käseherz

Ein Hit aus Rom

reicht für 4–6:

30 g Butter
250 g Risottoreis
700 ml heiße Fleisch- oder Gemüsebrühe (Instant)
4 EL frisch geriebener Parmesankäse
1 Eigelb
Salz, frisch gemahlener Pfeffer
1 Ei
200 g Mozzarella
100 g Paniermehl
Olivenöl oder Sonnenblumenöl zum Ausbacken

dauert: 60 Minuten

Weintipp

Dazu passt Weißwein, z. B. der berühmte Est, Est, Est di Montefiascone aus Latium.

1. Butter in einem Topf erhitzen, bis sie schäumt. Reis darin bei mittlerer Hitze glasig braten. Nach und nach die heiße Brühe einrühren und den Reis ohne Deckel und unter öfterem Rühren bei geringer Hitze 25 bis 30 Minuten garen, bis er durch, aber bissfest ist. Nach Bedarf noch 2 bis 3 Esslöffel heißes Wasser unterrühren. Den Reis abkühlen lassen.

2. Käse und Eigelb unter den abgekühlten Reis rühren, mit Salz und Pfeffer würzen und die Masse erkalten lassen. Das Ei in einem tiefen Teller verquirlen. Mozzarella würfeln und mit Salz und Pfeffer würzen. Paniermehl auf einen flachen Teller geben.

3. Aus jeweils 1 gehäuften Esslöffel Reis kleine Bällchen formen. Ein Loch eindrücken, mit 1 Mozzarellawürfel füllen und das Loch gut mit Reis verschließen. Bällchen zuerst in Ei, dann in Paniermehl wälzen. Öl in der Fritteuse erhitzen und die Bällchen darin goldbraun ausbacken, sofort servieren.

Tipp

Man kann die Bällchen auch mit Schinkenwürfeln, gehackten Pilzen und Kräutern füllen.

∧ ***Außen kross, innen käsig. Die Reiskroketten sind das perfekte Fingerfood.***

Pikant gefüllt

Teigtäschchen mit Zwiebeln und Rosinen

1. Das Mehl mit dem Salz in eine Schüssel sieben. Die Hefe mit 200 Milliliter lauwarmem Wasser verrühren, unter einen Teil des Mehls rühren. Das Olivenöl zugießen, alles vermischen und gut durchkneten. Den Teig 25 bis 30 Minuten gehen lassen.

2. Für die Füllung die Rosinen in wenig Wasser einweichen. Zwiebeln abziehen, vierteln und in dünne Streifen schneiden. Die Tomaten überbrühen, häuten und halbieren, das Fruchtfleisch würfeln. Die Oliven hacken.

3. Olivenöl in einer Pfanne mittelstark erhitzen. Zwiebeln darin glasig braten. Tomaten und Oliven zufügen und 2 Minuten schmoren. Rosinen abtropfen lassen und ebenfalls einrühren. Alles 1 Minute schmoren, bis die Flüssigkeit verdampft ist. Mit wenig Salz und Pfeffer würzen.

4. Den Backofen auf 225 °C (Umluft 200 °C, Gas Stufe 5) vorheizen. Den Teig durchkneten, vierteln. Zwei große Bleche einfetten. Jedes Teigviertel auf einer bemehlten Arbeitsfläche auf 20 x 20 Zentimeter ausrollen, in 4 Quadrate schneiden. In jede Mitte etwas Füllung und 1 Teelöffel Käse geben.

5. Das Ei verquirlen, die Teigränder damit einpinseln, zu Taschen zusammenklappen, die Ränder mit den Zinken einer Gabel festdrücken und auf das Blech legen.

6. Die Teigtaschen mit etwas Ei einpinseln und noch einmal zugedeckt 10 Minuten gehen lassen. Auf der mittleren Schiene des Backofens 15 Minuten backen und warm servieren.

reicht für 16 Teigtaschen:

für den Teig:
400 g Mehl
1 Messerspitze Salz
20 g frische Hefe
2 EL Olivenöl

für die Füllung:
50 g Rosinen
200 g weiße Zwiebeln
2 große Tomaten
50 g schwarze, entsteinte Oliven
4 EL Olivenöl
Salz, frisch gemahlener Pfeffer
50 g geriebener Caciocavallo-Käse
1 Ei

außerdem:
Fett für das Blech
Mehl für die Arbeitsfläche

dauert: 60 Minuten (plus 40 Minuten ruhen und 15 Minuten backen)

Tipp

Frisch schmecken die Taschen aus Kalabrien am besten. Man kann sie aber auch am Vortag zubereiten und kurz vor dem Servieren im vorgeheizten Backofen bei 75 °C 5 bis 8 Minuten aufbacken.

Pizza aus Mallorca

Gemüseblechkuchen mit Mangold

1. Das Mehl in eine Schüssel sieben. Die Hefe mit Zucker und 50 Milliliter lauwarmem Wasser glatt rühren und in die Mehlmitte einrühren. Zugedeckt für 10 Minuten an einen warmen Platz stellen.

2. Das Salz auf den Mehlrand streuen. Den Orangensaft zur Hefe gießen und mit dem Mehl verrühren. Alles auf eine Arbeitsfläche geben und etwas flach drücken. Schmalz und Ei verrühren und zufügen. Alle Zutaten gründlich verkneten, bis ein geschmeidiger Teig entstanden ist. Diesen mit einem Tuch bedeckt an einem warmen Ort 20 bis 30 Minuten gehen lassen.

3. Vom Mangold den Strunk abschneiden, Blätter gründlich waschen. Von den Stielen (wie bei Rhabarber) die Fäden abziehen. Harte Stielansätze entfernen. Stiele und Blätter in Streifen schneiden, leicht mit Salz bestreuen, kurz Wasser ziehen lassen und mit den Händen auspressen.

4. Frühlingszwiebeln waschen, putzen, längs halbieren und in Streifchen schneiden. Knoblauchzehen abziehen, hacken und mit den Frühlingszwiebeln zum Mangold geben. Paprikapulver und etwas Pfeffer untermischen.

5. Den Backofen auf 225 °C (Umluft 200 °C, Gas Stufe 5) vorheizen. Den Teig nochmals kneten. Ein großes Blech mit Schmalz einfetten. Den Teig auf Blechgröße dünn ausrollen, auf das Blech legen, an den Rändern Wülste formen. Olivenöl unter das Gemüse mischen und alles auf dem Teig verteilen.

6. Die Petersilie waschen, trockenschwenken und die Blättchen hacken. Paprikaschote waschen, halbieren, Stiel, Kerne und Trennwände entfernen. Die Schote in kleine Würfel schneiden. Petersilie und Paprikastückchen auf dem Mangold verteilen. Den Gemüsekuchen auf der mittleren Schiene des Backofens 30 bis 35 Minuten backen.

reicht für 8:

für den Teig:
500 g Mehl
40 g frische Hefe
1/2 TL Zucker
Salz
100 ml lauwarmer Orangensaft
100 g weiches Schweineschmalz ohne Grieben
1 Ei
Schmalz für das Blech

für den Belag:
1 kg Mangold
Salz
1 Bund Frühlingszwiebeln
4 Knoblauchzehen
1 TL scharfes Paprikapulver
frisch gemahlener Pfeffer
4–5 EL Olivenöl
1 Bund glatte Petersilie
1 große rote Paprikaschote

dauert: 60 Minuten (plus 40 Minuten ruhen und 30 Minuten backen)

Weintipp

Ein spanischer Rotwein aus Katalonien passt gut zu diesem herzhaften Gericht.

< ***Pizza mal auf Spanisch mit viel frischem Gemüse.***

Dreierlei Minipizzen

Nach Gusto

reicht für 32 Stück:

für den Teig:
20 g frische Hefe
400 g Mehl
1 TL Salz
2 EL Olivenöl
Öl für das Blech

für Belag 1:
100 g Kirschtomaten
125 g Mozzarella
4 Anchovisfilets
2 EL Olivenöl
Salz
8 Blättchen Basilikum

für Belag 2:
2 mittelgroße weiße Zwiebeln
1 Knoblauchzehe
2 EL Olivenöl
Salz, frisch gemahlener schwarzer Pfeffer
50 g geriebener Pecorino-Käse
1 TL getrockneter Oregano

1. 200 Milliliter lauwarmes Wasser in eine Schüssel gießen und die Hefe darin glatt rühren. Mehl mit Salz darauf sieben, Öl zugießen und alles rasch zu einem geschmeidigen, weichen Teig verkneten. Diesen zugedeckt 20 Minuten gehen lassen.

2. Backofen auf 225 °C (Umluft 200 °C, Gas Stufe 5) vorheizen und 2 große Bleche mit Öl einfetten.

3. Für Belag 1 Tomaten waschen und halbieren. Mozzarella würfeln, Anchovisfilets längs halbieren. Aus 1/3 der Teigmenge 1 Rolle formen, diese in 8 gleich große Stücke schneiden. Daraus kleine Pizzen von etwa 6 bis 7 Zentimeter Durchmesser formen und auf ein Blech legen. Mit den vorbereiteten Zutaten belegen, mit Olivenöl beträufeln, sparsam salzen. Auf jede Pizza 1 Basilikumblatt legen und zugedeckt beiseite stellen.

4. Für Belag 2 Zwiebeln und Knoblauchzehe abziehen und in sehr dünne Scheibchen schneiden. Olivenöl in der Pfanne erhitzen. Zwiebelringe und Knoblauch bei mittlerer Hitze 5 Minuten dünsten, mit Salz und Pfeffer würzen und abkühlen lassen. Ein Teigdrittel ebenfalls zu kleinen Pizzen formen, auf das Blech setzen, mit der Zwiebelmischung belegen, mit Käse und Oregano bestreuen.

Hier ist für jeden Geschmack etwas dabei: Minipizzen mit drei verschiedenen Belägen. >

< Verwenden Sie möglichst frische Hefe. Die Zubereitung ist mit dem richtigen Rezept ganz einfach.

5. Für Belag 3 die Tomaten in einem Sieb abtropfen lassen und zerdrücken. Tomatenmark, Salz und Cayennepfeffer unterrühren. Paprika waschen, vierteln, Stielansatz und Trennwände entfernen, die Viertel würfeln. Die Oliven hacken. Pizzen aus dem letzten Teigdrittel formen und auf das Blech setzen, mit Tomatenmus, Paprika und Olivenstückchen bedecken, mit Olivenöl beträufeln und mit Parmesan bestreuen.

6. Pizzen auf der mittleren Schiene des Backofens 15 bis 20 Minuten backen und auf dem Blech servieren.

Tipp

Statt Minipizzen können Sie auch drei große Pizzen aus je einem Teigdrittel mit dem dazugehörigen Belag backen und in Achtel schneiden.

für Belag 3:

1 kleine Dose geschälte Tomaten (Füllmenge 400 g)

1 TL Tomatenmark

je 1 Prise Salz und Cayennepfeffer

1 kleine grüne oder gelbe Paprikaschote

8 schwarze Oliven

4 TL Olivenöl

2 EL geriebener Parmesan

dauert: 2 Stunden (plus 20 Minuten ruhen und 15 Minuten backen)

Weintipp

Dazu passt ein Roséwein aus Apulien, wie der Castel del Monte Rosato.

Achten Sie darauf, Feta aus Schafs- und nicht aus Kuhmilch zu kaufen.

Spinattäschchen

Klassisch griechisch

reicht für 8:

250 g Spinat, geputzt gewogen
2 Frühlingszwiebeln
100 g Butter
3 Stängel glatte Petersilie
100 g Feta-Schafskäse
1 Ei
Salz, frisch gemahlener Pfeffer
1 Messerspitze gemahlener Piment
1/2 Paket Fillo-Teigblätter

dauert: 50 Minuten (plus 10 Minuten backen)

Tipp

Zu den Spinattäschchen knackige Streifen aus roten Paprikaschoten anrichten.

1. Den Spinat putzen, gründlich waschen, tropfnass in der Pfanne zugedeckt bei starker Hitze 3 bis 4 Minuten dünsten und zusammenfallen lassen, gelegentlich wenden. Spinat in ein Sieb gießen und abtropfen lassen. Das restliche Wasser ausdrücken. Spinat fein hacken.

2. Die Frühlingszwiebeln waschen, putzen, längs halbieren und in feine Streifchen schneiden. 20 Gramm Butter in der Pfanne erhitzen und die Zwiebeln darin glasig braten. Den Spinat unterrühren, 1 Minute mitdünsten und abkühlen lassen.

3. Die Petersilie waschen und fein hacken. Käse fein zerdrücken. Petersilie, Käse und Ei unter den Spinat mischen, mit Salz, Pfeffer und Piment würzen. Den Backofen auf 200 °C (Umluft 180 °C, Gas Stufe 3–4) vorheizen.

4. 80 Gramm Butter schmelzen. Ein großes Blech mit Butter einpinseln. Die Teigblätter auseinander falten. Je 2 Teigblätter aufeinander legen und zu Streifen von 7 x 20 Zentimeter schneiden, mit Butter einpinseln. Auf den Anfang jedes Streifens 1 gehäuften Teelöffel Füllung geben. Die Streifen im Zickzack zu Dreiecken (etwa 5-mal) bis zum Ende falten.

5. Alle Dreiecke auf das Blech legen und mit Butter einpinseln. Auf der mittleren Schiene des Backofens in 10 bis 15 Minuten goldgelb backen, warm servieren.

Yufka-Teigblätter sind in südländischen Lebensmittelgeschäften als Fertigprodukt erhältlich. >

Echt türkisch

Teigröllchen mit Käse und Kräutern

1. Schafskäse mit der Gabel fein zerdrücken. Die Kräuter waschen, trockenschwenken, Blättchen fein hacken und unter den Käse mischen.

2. Yufka-Blätter auf einer Arbeitsfläche übereinander legen. Mit einem scharfen Messer in Viertel schneiden, die Viertel wie Tortenstücke in 3 gleich große Dreiecke schneiden. Die Dreiecke zu 2 Stapeln aufeinander legen.

3. Eine Untertasse mit kaltem Wasser bereitstellen. Auf die abgerundeten Seiten jedes Dreiecks je 2 Teelöffel Käse geben, die Ecken rechts und links leicht darüber klappen. Die Teigstücke wie Zigaretten bis zur Spitze hin fest aufrollen.

4. Spitzen mit etwas Wasser anfeuchten und an die Röllchen kleben. In eine Pfanne etwa 2 Finger hoch Öl füllen und gut erhitzen. Die Röllchen darin rundum goldbraun braten, auf Küchenpapier abtropfen lassen und heiß servieren.

Getränketipp

Raki, Anisschnaps, mit Eiswasser verdünnt, ist das klassische Getränk dazu.

reicht für 4–6:

200 g Schafskäse (beyaz peynir)
1 Bund glatte Petersilie
1 Bund Dill
2 Yufka-Teigblätter (Fertigprodukt)
Sonnenblumenöl zum Ausbacken

dauert: 40 Minuten

Tipp

Die Röllchen sollten immer frisch ausgebacken werden. Man kann sie aber vorbereiten und – mit Folie bedeckt – im Kühlschrank aufbewahren.

Aus einfachen Datteln wird im Nu ein pikanter Snack.

Datteln im Speckmantel

Sind schnell aufgegessen

reicht für 4–5:

5 Scheiben durchwachsener Frühstücksspeck
20 frische oder getrocknete weiche Datteln ohne Kerne
20 Hölzchen zum Zusammenstecken
2 EL Olivenöl
frisch gemahlener Pfeffer

dauert: 20 Minuten

1. Frühstücksspeck in 20 Streifchen schneiden und die Datteln in je 1 Streifchen einwickeln. Die Speckenden mit Hölzchen feststecken.

2. Das Olivenöl in der Pfanne stark erhitzen, die Datteln rundum knusprig braten, auf Küchenpapier abtropfen lassen und mit Pfeffer bestreut servieren.

Tipp

Wie die Datteln kann man auch entsteinte weiche Dörrpflaumen mit Speck umwickeln und braten.

Getränketipp

Dazu passt ein trockener oder halbtrockener Sherry.

Durch das Grillen in Weinblättern bekommt der Ziegenkäse einen unverwechselbaren Geschmack. >

Eine Idee aus der Toskana

Ziegenkäse in Weinblättern

1. Die Weinblätter in reichlich kochendem Wasser mit Aceto balsamico 2 Minuten blanchieren, in Eiswasser abschrecken, abtropfen lassen, auf einem Küchentuch auslegen und trockentupfen. Die Stielchen abschneiden.

2. Die Rückseiten der Blätter mit Olivenöl einpinseln. Die Ziegenkäse halbieren und auf jedes Blatt eine Hälfte legen.

3. Die Weinblätter mit je 2 Zahnstochern über dem Ziegenkäse zu Päckchen zusammenstecken.

4. Die Päckchen 5 Minuten über glühender Kohle grillen, bis die Blätter knusprig werden, sofort servieren.

Tipp

Je nach Geschmack kann man auf jede Ziegenkäseportion etwas gehackten Thymian oder Oregano geben. Nicht nur Ziegenkäse, sondern auch Feta-Käse- oder Manchego-Käsewürfel schmecken in Weinblättern köstlich.

reicht für 12 Stück:

12 zarte, frische oder in Salzlake eingelegte Weinblätter

4 EL Aceto balsamico

4 EL Olivenöl

6 kleine Ziegenfrischkäsekugeln, je 10–15 g

etwa 24 Zahnstocher

dauert: 30 Minuten

Farbig, knackig, frisch
Salate & Dips
Köstlichkeiten zaubern aus einfachen Zutaten

Ob mit Meeresfrüchten, Gemüse, Hülsenfrüchten oder nur Brot – jeder Salat, jeder Dip aus der Mittelmeerküche ist für eine kulinarische Überraschung gut. Sie alle zählen zu den klassischen Vorspeisen, die aber auch als Snack, für ein Picknick oder als Teil einer Hauptmahlzeit vorbereitet werden können. Die meisten Gerichte kosten nicht viel und erfreuen auch Vegetarier, wie der Bohnen- und der Brotsalat, die Kartoffel-, Knoblauch- oder Kichererbsenpaste. Am Mittelmeer beherrscht man die Kunst, aus einfachen Zutaten Wunderbares zu zaubern.

< *Das Rezept für den Hirtensalat mit Schafskäse finden Sie auf Seite 32.*

Hirtensalat mit Schafskäse

Erfrischend

reicht für 4:

- 1 Bund Frühlingszwiebeln
- 4 mittelgroße Tomaten (400 g)
- 1 mittelgroße Salatgurke (400 g)
- 3 scharfe oder milde Peperoni
- 1 Bund glatte Petersilie
- 2 EL Olivenöl
- 2 EL Weißweinessig oder Zitronensaft
- Salz, frisch gemahlener schwarzer Pfeffer
- 50 g schwarze Oliven
- 1 unbehandelte Zitrone
- 200 g Feta-Schafskäse

dauert: 20 Minuten

1. Von den Frühlingszwiebeln harte, grüne Röhren und Wurzelansätze abschneiden, Frühlingszwiebeln waschen und in Scheiben schneiden. Tomaten waschen, halbieren, Stielansätze entfernen und das Fruchtfleisch in 1 Zentimeter große Würfelchen schneiden.

2. Gurke schälen und wie die Tomaten würfeln. Alle Zutaten auf einer Servierplatte anrichten.

3. Von den Peperoni Stielansätze abschneiden. Die Schoten waschen. Nach Belieben mit oder ohne Kerne in feine Ringe schneiden.

4. Petersilie waschen, trockenschwenken, Blättchen fein hacken und mit den Peperoni über die Zutaten auf der Platte streuen.

5. Aus Olivenöl und Essig oder Zitronensaft, 1 knappen Teelöffel Salz und etwas Pfeffer eine Marinade rühren und über den Salat träufeln. Oliven waschen und auf dem Salat verteilen. Zitrone waschen, vierteln, an den Salat legen, so dass jeder nach Geschmack mit Zitronensaft nachwürzen kann.

6. Schafskäse zerbröckeln und auf den Salat geben.

Tipp

Je nach Jahreszeit kann der Salat mit grob geraspelten Radieschen, Möhren oder fein geschnittenem Rotkohl variiert werden.

∧ ***Tomaten sollten am besten bei Raumtemperatur und nicht im Kühlschrank gelagert werden. Sie bleiben etwa eine Woche frisch.***

Vom Feinsten

Meeresfrüchtesalat

1. Die Sepie außen und innen kalt waschen und abtropfen lassen. 1/2 Liter Wasser mit den Gewürzen und 1/2 Teelöffel Salz aufkochen. Tintenfische zugedeckt bei geringer Hitze 20 Minuten garen. Erkalten und abtropfen lassen.

2. Die Muscheln mit kaltem Wasser bedeckt 15 Minuten stehen lassen. Geöffnete Muscheln wegwerfen. Geschlossene Muscheln mehrmals gründlich waschen, bis sich kein Sand mehr absetzt.

3. Weißwein mit dem Lorbeerblatt aufkochen und die Muscheln im geschlossenen Topf 3 bis 5 Minuten stark kochen, bis sie sich geöffnet haben. Muscheln abkühlen lassen, in ein Sieb geben, noch geschlossene Muscheln wegwerfen. Aus den geöffneten Schalen das Muschelfleisch herauslösen.

4. Die Scampi mit kaltem Wasser waschen und in 1/2 Liter Wasser mit 1/2 Teelöffel Salz und dem Saft von 1/2 Zitrone 2 Minuten blanchieren und abtropfen lassen.

5. Die Tintenfische in Stücke schneiden, mit Muscheln und Scampi in eine Schüssel geben. Sellerie waschen, putzen und in Scheibchen schneiden. Die Möhren schälen und in sehr dünne Scheibchen schneiden. Frühlingszwiebeln waschen, Wurzeln und dunkelgrüne Röhren abschneiden, weiße Teile in Scheibchen schneiden. Knoblauchzehen abziehen und klein hacken. Petersilie waschen, trockenschwenken und die Blättchen hacken, alles auf die Meeresfrüchte geben.

6. Olivenöl, Saft der restlichen 1/2 Zitrone und Salz in einem Schüsselchen cremig rühren. Peperoncino waschen, Stiel und Kerne entfernen. Die Schote fein hacken und unterrühren. Die Marinade über den Salat träufeln und untermischen, 30 Minuten ziehen lassen. Rucolablätter waschen, trockenschütteln, auf einer Platte anrichten und den Meeresfrüchtesalat darauf verteilen.

reicht für 6:

400 g küchenfertige, frische, kleine Sepie
5 Pfefferkörner
1/2 TL Fenchelsamen
Salz
1 kg Miesmuscheln
3/8 l Weißwein
1 Lorbeerblatt
300 g vorgegarte, geschälte Scampi
1 Zitrone
3 zarte Stangen Staudensellerie
2 junge Möhren
4 Frühlingszwiebeln
2 Knoblauchzehen
1 Bund glatte Petersilie
5 EL kaltgepresstes Olivenöl
1 Peperoncino
1 Bund Rucola zum Anrichten

dauert: 60 Minuten (plus 30 Minuten durchziehen)

Weintipp

Zu den Meeresfrüchten schmeckt ein leichter, trockener Weißwein, ein Soave z. B., oder ein Prosecco.

Der Brotsalat ist ein Klassiker aus Italien und ideal für die Verwertung von Brotresten.

Brotsalat

Aus der Toskana

reicht für 4:

2 dicke Scheiben Landbrot vom Vortag
6 reife Tomaten
1 kleine rote Zwiebel
1 kleine, feste Gärtnergurke
1 Stange Staudensellerie
2 Knoblauchzehen
1/2 Bund Basilikum
6 EL Olivenöl
2 EL Rotweinessig
Salz, schwarzer, frisch gemahlener Pfeffer

dauert: 30 Minuten (plus 30 Minuten durchziehen)

1. Das Brot in kleine Stücke schneiden, in eine Schüssel legen und mit kaltem Wasser beträufeln. Es sollte nicht durchnässt sein.

2. Die Tomaten waschen und würfeln, Stielansätze entfernen. Zwiebel abziehen und in hauchdünne Ringe hobeln. Die Gurke waschen, mit oder ohne Schale würfeln.

3. Die Selleriestange waschen und in Scheibchen schneiden, das Grün hacken. Knoblauchzehen abziehen und fein hacken. Basilikum waschen, Blättchen von den Stängeln zupfen. Alle Zutaten über dem Brot verteilen.

4. Olivenöl, Essig, 1 knapper Teelöffel Salz und reichlich Pfeffer verrühren und über die Zutaten in der Schüssel träufeln, alles vermengen, abschmecken und 30 Minuten durchziehen lassen.

Tipp

Die Qualität des Brotsalates Panzanella hängt wesentlich von der Qualität der Zutaten ab. In der Toskana wird verwendet, was die Jahreszeit hergibt. So kann der Salat auch nur aus Brot, Olivenöl, Zwiebeln und Knoblauch bestehen.

Wenn es einmal schnell gehen soll, können auch weiße Bohnen aus der Dose verwendet werden. >

Aus Antalya

Weiße-Bohnen-Salat mit Sesamsauce und Ei

1. Bohnen kalt waschen, mit reichlich Wasser bedeckt über Nacht einweichen. Bohnen abgießen, mit frischem Wasser bedeckt aufkochen, Schaum abschöpfen und die Bohnen bei geringer Hitze zugedeckt in 35 bis 45 Minuten garen, sie dürfen nicht aufplatzen.

2. Bohnen möglichst im Kochwasser abkühlen lassen. Tomaten waschen, halbieren, Stielansätze entfernen und Fruchtfleisch würfeln. Zwiebeln abziehen, vierteln und in dünne Streifchen schneiden.

3. Peperoni längs halbieren, Stiele, Kerne und Trennwände entfernen, Schoten waschen und in feine Streifen schneiden. Petersilie waschen, trockenschwenken, Blättchen fein hacken.

4. Bohnen in einem Sieb abtropfen lassen, in eine breite, flache Schüssel geben. Zitrone auspressen. Salz und Pfeffer, Essig, Öl, Zitronensaft und Tahin verrühren und über die Bohnen träufeln. Tomaten, Zwiebeln, Peperoni und Petersilie darauf verteilen.

5. Die Eier pellen und achteln. Den Salat mit Eiachteln und Oliven garnieren.

reicht für 4–6:

250 g getrocknete, kleine weiße Bohnen
2 mittelgroße Tomaten
2 mittelgroße rote Zwiebeln
2 milde oder scharfe Peperoni
1 Bund glatte Petersilie
1/2 Zitrone
1 TL Salz
frisch gemahlener schwarzer Pfeffer
4–5 EL Rotweinessig
4 EL Olivenöl
4 EL Tahin (Sesampaste)
2 hart gekochte Eier
50 g schwarze Oliven

dauert: 1 Stunde 15 Minuten (plus einweichen über Nacht)

Tipp

- *Weil sich das Öl der Sesampaste absetzt, muss sie vor der Entnahme so lange durchgerührt werden, bis sich Öl und Paste wieder verbunden haben.*
- *Dazu schmeckt am besten frisch aufgebackenes Fladenbrot.*

Der mediterrane Kartoffelsalat lässt sich gut vorbereiten und ist ideal zum Mitnehmen.

Kartoffelsalat mit Oliven und Kapern

Preiswert

reicht für 4–6:

750 g fest kochende Kartoffeln
1 mittelgroße weiße Zwiebel
200 g entsteinte schwarze Oliven
2 Knoblauchzehen
3 EL gehackte Petersilie
4–5 EL Zitronensaft
4–5 EL Olivenöl
1 TL Salz
1 Prise Zucker
1 knapper TL Pulbiber (geschroteter, mittelscharfer Paprika)
2 kleine, feste Tomaten
1 unbehandelte Zitrone

dauert: 1 Stunde 25 Minuten

1. Die Kartoffeln waschen, mit Wasser bedeckt garen, abgießen, kalt abschrecken, abkühlen lassen und pellen. In nicht zu kleine Würfel schneiden und in eine Schüssel geben.

2. Die Zwiebel abziehen, halbieren. Die Hälften auf einem Brettchen nochmal quer halbieren, längs in dünne Streifen schneiden und zu den Kartoffeln geben.

3. Die Oliven in Scheibchen schneiden. Knoblauchzehen abziehen und hacken, mit Oliven und Petersilie zu den Kartoffeln geben.

4. Zitronensaft, Olivenöl, Salz, Zucker und Pulbiber gründlich verrühren, bis eine cremige Sauce entsteht. Diese über die Zutaten träufeln und untermischen. Den Salat bis zum Servieren zugedeckt bei Zimmertemperatur stehen lassen.

5. Kurz vor dem Servieren den Salat nochmals abschmecken und auf eine Platte geben. Die Tomaten waschen, vierteln, Stielansätze entfernen und den Salat mit Tomatenvierteln garnieren. Die Zitrone waschen, trockenreiben, vierteln und zum Nachwürzen dazulegen.

Mit viel Aroma

Möhrensalat mit Minze

1. Die Möhren schälen und schräg in dünne Scheiben schneiden. Das Olivenöl mittelstark erhitzen und die Möhren unter Wenden kurz andünsten. Mit etwas Salz und Pfeffer würzen.

2. Marsala und Orangensaft zugießen und die Möhren zugedeckt 15 Minuten garen.

3. Die Möhren im Sud erkalten lassen. Die gehackte Minze unterheben und alles auf eine Platte geben.

4. Die Pinienkerne in der Pfanne ohne Fett unter Rühren hellbraun rösten, erkalten lassen und über die Möhren streuen. Mit frischer Minze garnieren.

reicht für 4:

500 g Möhren
3 EL Olivenöl
Salz, Pfeffer
100 ml trockener Marsala
100 ml Orangensaft
2 EL gehackte Minzeblättchen
3 EL Pinienkerne
Minze zum Garnieren

dauert: 45 Minuten

Tapa von Mallorca

Bauernsalat mit Thunfisch

1. Kartoffeln und Möhren schälen und klein würfeln. Bohnen waschen, putzen und in kleine Stückchen schneiden. Kartoffeln, Möhren, Bohnen und Erbsen, knapp mit leicht gesalzenem Wasser bedeckt, 15 Minuten garen, abgießen, kalt abschrecken, abtropfen lassen und in eine Schüssel geben.

2. Paprika putzen und Trennhäute entfernen. Fruchtfleisch waschen und klein würfeln. Thunfisch abtropfen lassen und mit zwei Gabeln in Stückchen reißen. Oliven fein hacken. Alles zum Gemüse in die Schüssel geben.

3. Kapern, Mayonnaise, Olivenöl und Essig zufügen und untermischen. Den Salat mit Salz und Pfeffer würzen und 60 Minuten kühl stellen. Eier pellen und hacken. Vor dem Servieren Salat nochmals abschmecken und mit Eiern und Kapernfrüchten garnieren.

reicht für 8:

500 g Salatkartoffeln
2 große Möhren
150 g grüne Bohnen
150 g Erbsen (tiefgekühlt)
Salz, 1/2 rote Paprikaschote
1 Dose Thunfisch
100 g entsteinte Oliven
50 g Kapern
100 g Mayonnaise
1 EL Olivenöl, 1 EL Essig
weißer Pfeffer
2 hart gekochte Eier
Kapernfrüchte

dauert: 60 Minuten (plus 60 Minuten kühlen)

Bulgursalat im Salatblatt

1. Bulgur in eine Schüssel geben, mit 300 Milliliter Wasser vermischen und 30 Minuten quellen lassen, bis das Wasser völlig aufgenommen ist. Das Gemüse waschen. Die Tomaten halbieren, Stielansätze entfernen und das Fruchtfleisch würfeln.

2. Die Frühlingszwiebeln von den harten Röhren und Wurzeln befreien und in Scheibchen schneiden. Die Peperoni waschen, längs halbieren, Stiele, Kerne und Trennwände entfernen, Schoten in sehr dünne Ringe schneiden.

3. Petersilie und Minze waschen, Blättchen von den Stängeln zupfen und fein hacken. Zitrone auspressen. Tomatenmark, Gewürze, 1 knappen Teelöffel Salz, Pfeffer, Olivenöl und Zitronensaft miteinander verrühren und unter den Bulgur mischen, zuletzt Kräuter und Gemüse zugeben.

4. Den Salat 10 Minuten zugedeckt ziehen lassen. In der Zwischenzeit die Salatblätter waschen und trockenschütteln. Den Bulgursalat erneut abschmecken. Jedes Salatblatt mit Bulgursalat füllen und anrichten.

reicht für 4–6:

200 g feiner Bulgur
3 mittelgroße Tomaten
1 Bund Frühlingszwiebeln
4 scharfe oder milde Peperoni
1 Bund glatte Petersilie
1/2 Bund frische Minze oder 1 TL getrocknete Minze
1 Zitrone
1 EL Tomatenmark
1 Messerspitze gemahlener Kreuzkümmel
1 TL mildes Paprikapulver
Salz, frisch gemahlener Pfeffer
3 EL Olivenöl
1–2 Romanasalatherzen

dauert: 50 Minuten

Tipp

Für »kisir«, Bulgursalat aus dem Vorderen Orient, sollten Sie in jedem Fall frischen Bulgur verwenden. Achten Sie auf das Haltbarkeitsdatum. Zu lange gelagerter Bulgur schmeckt ranzig.

< Angerichtet in knackigen Salatblättern ist der Bulgursalat prima, wenn Besuch kommt.

Besonders köstlich schmeckt der Rote-Bete-Salat mit Schafsmilchjoghurt.

Rote-Bete-Salat mit Joghurt

Herrlich frisch

reicht für 4–6:

800 g Rote Bete
3 Becher säuerlicher, stichfester Joghurt (à 150 g)
2 Knoblauchzehen
1 knapper TL Salz
2 EL Zitronensaft
glatte Petersilie zum Garnieren

dauert: 30 Minuten (plus 1–1 1/2 Stunden kochen und 30 Minuten abtropfen)

1. Die Rote-Bete-Knollen waschen und mit Wasser bedeckt je nach Größe 1 bis 1 1/2 Stunden zugedeckt bei mittlerer Hitze kochen, bis sie weich sind.

2. Ein Spitzsieb über eine Schüssel hängen. Eine große Kaffeefiltertüte hineinstecken und den Joghurt darin 20 bis 30 Minuten abtropfen lassen.

3. Knoblauchzehen abziehen. Rote Bete abgießen, in kaltem Wasser abkühlen lassen. Die Knollen pellen und auf der groben Gemüsereibe in eine Schüssel raspeln.

4. Abgetropften Joghurt zufügen. Den Knoblauch durch die Knoblauchpresse dazudrücken. Salz und Zitronensaft zufügen, alles gut vermischen und abschmecken.

5. Petersilie waschen, trockenschwenken, Stiele abschneiden und den Salat mit der Petersilie garniert servieren.

Variante

Wie »Pembe Sultan salatasi«, der Salat der rosa Prinzessin, wie diese türkische Vorspeise genannt wird, kann auch Möhrensalat zubereitet werden. Dafür 800 Gramm geschälte Möhren grob raffeln, mit 3 bis 4 Esslöffel Olivenöl und 3 bis 4 Esslöffel Wasser in der Pfanne unter Wenden etwa 10 Minuten sanft dünsten und mit Joghurt, Knoblauch, Salz und Zitronensaft vermischen.

Unverzichtbar

Tsatsiki mit Gurke

1. Den Joghurt in eine Schüssel geben. Die Gurken schälen, Stiel- und Blütenansätze abschneiden und die Gurken in eine andere Schüssel grob raffeln. 1 Teelöffel Salz unterrühren, 10 Minuten Saft ziehen und in einem Sieb abtropfen lassen. Gurken ausdrücken und zum Joghurt geben.

2. Knoblauchzehen abziehen und durch die Presse zum Joghurt drücken. Alles mit Essig und Olivenöl verrühren und mit Salz abschmecken. Zugedeckt 15 Minuten kalt stellen. Petersilie waschen. Tsatsiki mit Petersilienblättchen und mit Oliven garnieren. Dazu Brot reichen.

reicht für 4–6:

600 g dicker griechischer Joghurt, 10 % Fett (ersatzweise 800 g Bulgara-Joghurt)

2 kleine, knackige Gärtnergurken

Salz

3 Knoblauchzehen

1 EL Weißweinessig

2 EL Olivenöl

glatte Petersilie und 8–10 schwarze Oliven zum Garnieren

Brot nach Belieben

dauert: 40 Minuten

Tipp

Wird Bulgara-Joghurt verwendet, zuerst eine große Kaffeefiltertüte in ein Spitzsieb stecken und den Joghurt darin gut 30 Minuten abtropfen lassen.

Wer mag, kann die Gurke für das Tsatsiki auch mit Schale raspeln. Dann sollte sie aber gründlich gewaschen werden.

Artischocken regen die Gallesekretion an und gelten als appetitanregend und harntreibend.

Taramapaste mit Artischocken

Einfach und köstlich

reicht für 4–6:

200 g Brötchen vom Vortag
125 g Tarama, gepresster Kaviar aus dem griechischen Lebensmittelgeschäft
1 Zitrone
6 EL Olivenöl
4 in Olivenöl eingelegte Artischockenherzen (Fertigprodukt)
Dill zum Garnieren

dauert: 30 Minuten (plus 60 Minuten durchziehen)

1. Von den Brötchen die Krusten mit einer feinen Gemüsereibe dünn abreiben. Brötchen in lauwarmem Wasser einweichen, gut ausdrücken und mit der Gabel sehr fein zerdrücken. Tarama hinzufügen und gründlich unterarbeiten, so dass sich alles gut verbindet.

2. Die Zitrone auspressen. Abwechselnd portionsweise Olivenöl und Zitronensaft mit dem Holzlöffel einrühren, bis eine geschmeidige, homogene Paste entsteht. Zwischendurch abschmecken. Die Paste ist genau richtig, wenn der Fischgeschmack nicht mehr dominiert.

3. Die Kaviarpaste zugedeckt im Kühlschrank 60 Minuten durchziehen lassen. Zum Servieren auf einen Teller geben. Die Artischockenherzen abtropfen lassen, halbieren, die Dillspitzen abzupfen und die Paste mit beidem garnieren.

Tipp

Wer die Artischockenherzen selbst einlegen möchte, findet dafür das Rezept auf Seite 48. Statt mit Artischockenherzen kann die Paste auch mit frischen Gurkenscheiben und Oliven garniert werden.

Die Kräuter-Käsecreme eignet sich auch als Dip für Gemüserohkost. >

Würzig

Kräuter-Käsecreme

reicht für 4–6:

2 Becher Schafsmilchjoghurt (à 200 g) mit 10 % Fett

200 g Feta-Schafskäse

je 1/2 Bund glatte Petersilie, Dill und Minze

2 Knoblauchzehen

1 EL Zitronensaft

je 1 rote und grüne Paprikaschote

50 g schwarze Oliven

Minze zum Garnieren

dauert: 20 Minuten

1. Den Joghurt in eine Schüssel geben. Schafskäse mit der Gabel fein zerdrücken und zufügen.

2. Die Kräuter waschen, trockenschwenken, dicke Stiele abschneiden und die Blättchen und zarten Stängel fein hacken, zu Joghurt und Käse geben.

3. Knoblauchzehen abziehen und mit der Knoblauchpresse dazudrücken. Den Zitronensaft dazugeben und alles gründlich vermischen.

4. Paprikaschoten waschen, halbieren, Kerne und Trennwände entfernen. Die Schoten in Achtel schneiden. Die Käsecreme mit Paprikaachteln und Oliven anrichten, mit Minze garnieren.

Tipp

Als Fingerfood angerichtet, füllt man etwas Käsecreme in die Paprikaachtel.

Kartoffel-Knoblauch-Paste

Geht schnell

reicht für 4–6:

400 g mehlig kochende Kartoffeln
3 Knoblauchzehen
5 EL Olivenöl
6–7 EL Hühner- oder Gemüsebrühe (Instant)
4 EL Zitronensaft
1 knapper TL Salz
einige Salatblätter zum Anrichten
50 g schwarze Oliven

dauert: 55 Minuten

1. Kartoffeln waschen, mit Wasser bedeckt 30 bis 35 Minuten garen, abgießen, mit kaltem Wasser abschrecken und noch heiß pellen. Durch die Kartoffelpresse drücken oder durch ein Haarsieb in eine Schüssel streichen.

2. Knoblauchzehen abziehen und durch die Knoblauchpresse zu den Kartoffeln drücken. Olivenöl, Brühe, Zitronensaft und Salz unterrühren und abschmecken.

3. Die Salatblätter waschen, trockenschütteln und auf einem Teller auslegen. Die Kartoffel-Knoblauch-Paste in die Mitte geben. Die Paste mit den Oliven garnieren.

Kichererbsenpaste

Preiswert

reicht für 4–6:

200 g getrocknete Kichererbsen
Saft von 2 Zitronen
3 Knoblauchzehen
120 g Tahin (Sesampaste)
1 Messerspitze gemahlener Kreuzkümmel
1 gestrichener TL Salz
4 EL Olivenöl
1 TL scharfes Paprikapulver
Minzeblättchen

dauert: 40 Minuten (plus einweichen über Nacht und 1–1 1/2 Stunden garen)

1. Kichererbsen waschen, in reichlich kaltem Wasser über Nacht einweichen. Abgießen, mit frischem Wasser bedeckt aufkochen, Schaum abschöpfen und die Erbsen bei geringer Hitze zugedeckt 1 bis 1 1/2 Stunden garen.

2. Erbsen pürieren und durch ein Haarsieb streichen, Zitronensaft untermischen. Knoblauch abziehen und durch die Presse dazudrücken.

3. Tahin gut verrühren und mit Kreuzkümmel und Salz zum Püree geben. Alles gründlich verrühren und abschmecken. Ist das Püree sehr fest, 2 bis 3 Esslöffel Wasser untermischen.

4. Das Püree auf einen Servierteller geben. Olivenöl mit Paprikapulver verrühren, über das Püree träufeln und die Paste mit Minzeblättchen garnieren.

Verwenden Sie möglichst frisch geknackte Walnüsse; sie sind wesentlich intensiver im Geschmack. >

Der reine Genuss

Auberginenpaste mit Walnüssen

1. Backofen auf 250 °C (Umluft 230 °C, Gas Stufe 6) vorheizen. Auberginen waschen und die grüne Manschette am Stielansatz abziehen, den Stiel nicht entfernen. Auberginen mit der Gabel mehrmals einstechen.

2. Auberginen auf das Backblech legen und auf der mittleren Schiene des Backofens 25 bis 30 Minuten backen, bis sie weich sind. Unter fließendem kaltem Wasser abschrecken und häuten, mit Zitronensaft beträufeln.

3. Auberginen sehr fein hacken, so dass eine püreeähnliche Masse entsteht, in eine Schüssel geben. Knoblauchzehen abziehen, durch die Knoblauchpresse drücken und mit dem Olivenöl unter die Auberginen mischen, mit Salz würzen.

4. Paste bis zum Servieren kalt stellen. Tomaten waschen, achteln, Stielansätze entfernen. Walnüsse in der trockenen Pfanne leicht anrösten. Die Paste mit Tomaten und Walnüssen garnieren.

reicht für 4–6:

800 g kleine Auberginen
Saft von 1 Zitrone
2 Knoblauchzehen
3 EL Olivenöl
Salz
2 mittelgroße Tomaten
50 g Walnusshälften

dauert: 30 Minuten (plus 30 Minuten backen)

Warm und kalt
Gemüsesnacks
Eingelegtes, Gegrilltes, Gefülltes und Frittiertes

Von Spanien bis in die Türkei – Gemüsesnacks sind im sonnigen Süden die Favoriten. Die Gemüsemärkte bieten zu jeder Jahreszeit eine unglaubliche Fülle und Farbenpracht, von leuchtend gelben und grünen Zucchini, von Spargel, Artischocken und violett glänzenden Auberginen bis zu knallroten Paprikaschoten und Tomaten. In unzähligen Variationen wird frisches Gemüse auf einfache, köstliche Art zubereitet, warm oder kalt angerichtet. Sie sorgen nicht nur für Abwechslung im Alltag, sondern auch für ein himmlisches Partybüfett.

< *Das Rezept für Artischocken in Olivenöl finden Sie auf Seite 48.*

Die Schale von Zitronen sollte unbehandelt sein und vor dem Reiben heiß gewaschen werden.

Artischocken in Olivenöl

Feiner Vorrat

reicht für 6:

2 Zitronen
12 (etwa 500 g) kleine, ovale Artischocken
1 l trockener Weißwein
500 ml Weißweinessig
Schale von 1 unbehandelten Zitrone
5 Gewürznelken
3 Lorbeerblätter
1 gehäufter TL Salz
12 schwarze Pfefferkörner
etwa 3/4 l Olivenöl
4 unbehandelte Zitronenachtel

dauert: 50 Minuten (plus 2–3 Tage durchziehen)

1. Die Zitronen auspressen. Eine große Schüssel zur Hälfte mit kaltem Wasser füllen. Den Zitronensaft einrühren. Artischocken gründlich waschen. Die äußeren harten Blätter großzügig entfernen. Die Spitzen der inneren Blätter abschneiden. Die Stiele bis auf 2 Zentimeter kürzen und einschließlich der Böden schälen.

2. Die Artischocken halbieren, das »Heu« in der Mitte mit einem Teelöffel auskratzen. Artischockenhälften in das Zitronenwasser legen.

3. In einem großen Topf Wein, Essig, Zitronenschale, 3 Gewürznelken, 2 Lorbeerblätter, Salz und 8 Pfefferkörner aufkochen. Die Artischocken aus dem Zitronenwasser nehmen, in den Topf geben und 15 bis 20 Minuten kochen. Abtropfen und abkühlen lassen.

4. Artischocken mit 2 Gewürznelken, 1 Lorbeerblatt und 4 Pfefferkörnern in ein Einmachglas oder in eine tiefe Schüssel schichten, mit Olivenöl begießen, so dass sie einen Finger breit davon bedeckt sind. Die Artischocken 2 bis 3 Tage kühl stellen und durchziehen lassen. Zum Servieren abtropfen lassen und mit Zitronenachteln garnieren.

Tipp

Gut schmecken die Artischocken zu luftgetrocknetem Schinken oder Salami, zu Manchego- oder Pecorino-Käse.

Die marinierten Zucchini lassen sich gut vorbereiten. Nach Belieben kann auch anderes Gemüse, z. B. Auberginen oder Paprikaschoten, verwendet werden. >

Frisch am besten

Marinierte Zucchini

1. Die Zucchini waschen, Stiele und Blütenansätze abschneiden und Zucchini schräg in 1/2 Zentimeter dünne Scheiben schneiden. Auf einer Platte mit Salz bestreuen und 20 Minuten ruhen lassen, trockentupfen.

2. Knoblauchzehen abziehen und hacken. Chilischote waschen, längs halbieren, Stiel und Kerne entfernen. Die Schote grob hacken. 2 Esslöffel Öl in der Pfanne gut erhitzen und so viele Zucchinischeiben hineinlegen, dass der Boden damit bedeckt ist.

3. Die Zucchini von jeder Seite 1 Minute braten, abtropfen lassen und auf eine Platte legen. Mit den übrigen Zucchinischeiben und weiterem Öl ebenso verfahren.

4. Den Knoblauch im Restöl glasig braten, Chilischotenstückchen kurz mitbraten. Essig, 1/2 Teelöffel Salz und eine Prise Pfeffer unterrühren und über den Zucchini verteilen, zugedeckt 60 Minuten durchziehen lassen. Vor dem Servieren Basilikumblättchen von den Stängeln zupfen und über die Zucchini streuen.

reicht für 4–6:

800 g mittelgroße Zucchini

Salz

3 Knoblauchzehen

1 lange, dünne, scharfe rote Chilischote (Peperoncino)

6 EL Olivenöl

1/8 l Weißweinessig

frisch gemahlener schwarzer Pfeffer

4 Stängel Basilikum

dauert: 40 Minuten (plus 60 Minuten durchziehen)

Wachtelbohnen werden in Italien fagiolo romano (römische Bohne) genannt und sind in der dortigen Küche sehr beliebt.

Wachtelbohnen mit Minze

Gut vorzubereiten

reicht für 4–6:

750 g frische, ersatzweise 250 g getrocknete, über Nacht eingeweichte Wachtelbohnenkerne
1 mittelgroße Möhre
1 mittelgroße Kartoffel (150 g)
3 Knoblauchzehen
1 mittelgroße Zwiebel
6 EL Olivenöl
1 EL Tomatenmark
je 1/2 TL Salz und Zucker
frisch gemahlener schwarzer Pfeffer
2–3 Stängel frische Minze
1 unbehandelte Zitrone

dauert: 40 Minuten (plus 60–75 Minuten garen)

1. Entkernte frische Bohnen oder getrocknete, eingeweichte Bohnen kalt abbrausen. Bohnen mit reichlich Wasser bedeckt 30 Minuten garen.

2. In der Zwischenzeit Gemüse putzen, Knoblauchzehen und Zwiebel abziehen, die Zwiebel in sehr kleine, Möhre und Kartoffel in 1 Zentimeter große Würfel schneiden. Olivenöl in einem zweiten Topf erhitzen und die Zwiebel bei mittlerer Hitze glasig braten. Die ganzen Knoblauchzehen und das übrige Gemüse unterrühren und 2 Minuten mitdünsten.

3. Tomatenmark, Salz, Zucker und eine gute Prise Pfeffer gründlich untermischen. 3/4 Liter Wasser zugießen und alles aufkochen. Bohnen abgießen und unter das Gemüse rühren. Alles zugedeckt bei geringer Hitze in 30 bis 45 Minuten fertig garen. Die Bohnen dürfen nicht zerfallen.

4. Bohnengemüse in einer Schüssel erkalten lassen. Minze waschen, die Blättchen von den Stängeln zupfen. Zitrone waschen und achteln. Bohnen mit Minze und Zitronenecken zum Nachwürzen garnieren.

Tipp

Auf die gleiche Weise werden auch getrocknete weiße Bohnen zubereitet.

Echt spanisch

Schalotten in Sherryessig

1. Die Schalotten abziehen. Das Olivenöl in einer Pfanne gut erhitzen. Die ganzen Schalotten unter Rühren im Öl goldgelb braten. Sherryessig und Sherry zugießen.

2. 1/4 Liter Wasser sowie Gewürznelke, Thymian, Lorbeer, Chili und Pfefferkörner unterrühren. Alles mit Salz und Zucker abschmecken.

3. Die Schalotten zugedeckt bei schwacher Hitze 30 Minuten garen und anschließend im Sud erkalten lassen. Die Schalotten in eine Schüssel füllen und bis zum Servieren kühl stellen.

reicht für 4:

500 g Schalotten
5 EL Olivenöl
75 ml Sherryessig
75 ml halbtrockener Sherry
1 Gewürznelke
1 kleiner Zweig Thymian
1 Lorbeerblatt
1 getrocknete kleine Chilischote
1 TL schwarze Pfefferkörner
1/4 TL Salz
1 Messerspitze Zucker

dauert: 50 Minuten

Tipp

Zum Servieren die Schalotten mit frischen Lorbeerblättern garnieren, kleine Holzspieße zum Aufpicken dazulegen.

Schalotten sollten fest sein und eine trockene Schale haben.

Wie im Urlaub

Gefüllte Weinblätter

1. Weinblätter vorsichtig auseinander nehmen und locker in einen Topf mit kochendem Wasser legen. 3 Minuten blanchieren, in eine Schüssel mit kaltem Wasser tauchen und abtropfen lassen.

2. Reis in einem Sieb waschen und abtropfen lassen. Zwiebel abziehen und fein hacken. 4 Esslöffel Olivenöl in einem Topf erhitzen und die Zwiebel bei mittlerer Hitze glasig werden lassen. Reis einrühren und 1 Minute mitbraten.

3. Pinienkerne zugeben, unter Rühren mitbraten, bis sie sich gelb färben. Korinthen, Zimt, Piment, Salz und Zucker untermischen. 250 Milliliter Wasser zugießen, alles aufkochen. Reis zugedeckt bei geringer Hitze etwa 15 Minuten garen, bis er das Wasser aufgenommen hat. Im offenen Topf abkühlen lassen.

4. Stielchen der Weinblätter abschneiden. Die Hälfte der Kräuter waschen, fein hacken und unter den Reis mischen. Den Boden eines mittelgroßen Topfes mit 3 bis 4 weniger schönen Weinblättern auslegen. Auf die anderen Blätter jeweils 1 Teelöffel Reis auf die Stielseite geben. Diese und die Seiten rechts und links darüber klappen und die Blätter bis zu den Spitzen aufrollen.

5. Die Röllchen mit der Blattspitze nach unten dicht nebeneinander auf die Weinblätter im Topf legen. Ist der Boden ausgefüllt, weitere Röllchen darüber schichten. 4 Esslöffel Olivenöl darüber gießen. Zitronenhälfte in 3 bis 4 Scheiben schneiden. Die Röllchen damit bedecken.

6. Alles mit einem umgedrehten Teller beschweren. 1/4 Liter Wasser angießen, Deckel aufsetzen und die Röllchen bei geringer Hitze 45 Minuten garen. Röllchen im Topf erkalten lassen, auf einer Platte anrichten und mit den restlichen Kräutern hübsch garnieren.

reicht für 4–6:

250 g eingelegte Weinblätter
120 g Rundkornreis
1 mittelgroße Zwiebel
8 EL Olivenöl
30 g Pinienkerne
20 g winzige Korinthen (»kuşüzümü« (»Vogelkorinthen«) aus dem türkischen Laden)
1/2 TL Zimt
1/4 TL gemahlener Piment
1/2 TL Salz
1/4 TL Zucker
1 Bund glatte Petersilie
1 Bund Dill
1/2 unbehandelte Zitrone

dauert: 60 Minuten (plus 60 Minuten garen)

< ***Die gefüllten Weinblätter machen ein wenig Mühe – aber es lohnt sich bestimmt.***

Bohnen mit Tomaten

Kalt zu essen

reicht für 4:

750 g frische Prinzessbohnen
2 mittelgroße Zwiebeln
2 große Tomaten
1 EL Tomatenmark
6 EL kaltgepresstes Olivenöl
je 1 TL Zucker und Salz
1 Zitrone
glatte Petersilie zum Garnieren

dauert: 1 Stunde 15 Minuten

Tipp

Gut schmecken zu dem türkischen Gericht Würfel von Feta-Käse und Fladenbrot.

1. Die Bohnen waschen, Fäden, Stiele und Spitzen entfernen. Die Bohnen in 4 bis 5 Zentimeter lange Stücke schneiden. Zwiebeln abziehen und fein würfeln. Tomaten überbrühen, häuten, entkernen. Das Fruchtfleisch würfeln, dabei den Saft auffangen und mit 100 Milliliter Wasser und dem Tomatenmark verrühren.

2. Bohnen mit Zwiebeln, Tomaten, Tomatensauce, Olivenöl, Zucker und Salz in einem Topf gründlich vermischen und aufkochen.

3. Bei starker Hitze zugedeckt 5 Minuten kochen, bis sich die Bohnen gelblich färben. Gelegentlich den Topf rütteln, damit das Gemüse nicht ansetzt.

4. 1/2 Liter Wasser unter die Bohnen rühren und diese zugedeckt bei mittlerer Hitze 30 bis 45 Minuten garen, bis sie weich sind.

5. Bohnen in eine Schüssel geben. Die Zitrone waschen, in dünne Scheiben schneiden, auf die Bohnen legen, erkalten lassen. Das Gericht mit Petersilie garnieren und servieren.

Beliebte Tapa

Champignons in Sherry

Getränketipp

Ein trockener Sherry, ein Fino, ist das klassische Getränk zu dieser Tapa.

1. Die Pilze säubern. Frühlingszwiebeln waschen, Wurzelansätze und dunkelgrüne Röhren abschneiden. Die weißen Teile würfeln. Knoblauchzehen abziehen und würfeln. Olivenöl in einer Pfanne mittelstark erhitzen, Zwiebeln und Knoblauch darin glasig braten.

2. Champignons zufügen und unter Rühren 5 bis 6 Minuten braten. Mit Sherry ablöschen, mit Salz und Pfeffer würzen. Petersilie waschen, trockenschwenken, die Blättchen hacken und untermischen.

3. Die Champignons in einem Keramikschüsselchen servieren und auf dem Rechaud warm halten. Hölzchen zum Aufpicken dazulegen.

reicht für 4:

500 g kleine Champignons
2 Frühlingszwiebeln
2 Knoblauchzehen
5 EL Olivenöl
100 ml Sherry Oloroso
Salz, frisch gemahlener Pfeffer
1 Bund glatte Petersilie
Holzspießchen

dauert: 40 Minuten

Geht schnell

Avocados mit Rosinen

1. Die Rosinen in 1/2 Tasse warmem Wasser 2 Stunden einweichen. Die Pinienkerne in der Pfanne ohne Öl goldgelb anrösten. Anchovis mit Küchenpapier abtupfen und in lange Streifen schneiden.

2. Aus Öl, Essig, Salz, Pfeffer und Petersilie eine Marinade rühren. Die Avocados schälen, halbieren, die Kerne herauslösen. Avocadohälften längs in dünne Spalten schneiden und in einer Schale oder auf einem Teller anordnen.

3. Die Hälfte der Marinade darüber träufeln. Die Rosinen abtropfen lassen, mit den Pinienkernen und den Anchovisstreifen auf den Avocados verteilen. Die restliche Marinade darüber träufeln.

reicht für 4:

2 EL Rosinen
2 EL Pinienkerne
2 Döschen Anchovis in Olivenöl (à 50 g Abtropfgewicht)
3 EL Walnuss- oder Olivenöl
3 EL Weißweinessig
Salz, Pfeffer
2 EL fein gehackte Petersilie
2 reife Avocados

dauert: 20 Minuten (plus 2 Stunden einweichen)

< Die Bohnen mit Tomaten sind ideal für das mediterrane Büfett oder die sommerliche Grillparty und lassen sich gut vorbereiten.

Den Blumenkohl mit Walnusssauce sollten Sie am besten frisch, noch lauwarm servieren.

Blumenkohl mit Walnusssauce

Feinwürzig

reicht für 4:

1 großer Blumenkohl (ca. 900 g)
2 Knoblauchzehen
3 Scheiben Weißbrot vom Vortag
100 g geschälte Walnüsse
60 ml Rotweinessig
4 EL mildes Olivenöl
1 TL Salz
10 Walnusshälften
2 EL grob gehackte Petersilienblättchen

dauert: 50 Minuten

1. Blumenkohl waschen, putzen und in Röschen teilen. Diese in einem Siebeinsatz über kochendem Wasser 15 bis 20 Minuten dämpfen, bis sie gar sind, aber noch Biss haben.

2. Blumenkohlröschen mit einem Tuch bedeckt leicht abkühlen lassen und auf eine Platte legen.

3. Knoblauchzehen abziehen und grob hacken. Das Brot in Stückchen brechen. Knoblauch, Brot, Nüsse, Essig, Öl und Salz im Blitzhacker fein zerkleinern, nach und nach etwa 150 Milliliter Wasser zugeben, bis eine cremige Sauce entstanden ist.

4. Die Sauce über den noch lauwarmen Blumenkohl geben, mit den Walnusshälften garnieren und mit Petersilie bestreuen.

Tipp

Auf die gleiche Art kann auch Brokkoli zubereitet werden.

Damit Kapern ihr Aroma behalten, sollten sie immer erst gegen Ende der Garzeit zugegeben werden. >

Aus Sizilien

Caponata – Gemüseallerlei

1. Auberginen waschen, Stiele und Stielansätze abschneiden. Die Auberginen in 2 Zentimeter große Würfel schneiden und mit Zitronensaft beträufeln.

2. Zwiebeln abziehen, vierteln und in dünne Streifen schneiden. Die Selleriestangen von der Staude lösen, waschen und in 2 Zentimeter lange Stücke schneiden. Die Tomaten überbrühen, häuten, halbieren, Stielansätze und Kerne entfernen, das Fruchtfleisch würfeln.

3. Die Oliven vierteln. 4 Esslöffel Olivenöl in einem Topf erhitzen. Auberginen bei mittlerer Hitze und unter Wenden etwa 8 Minuten braten und auf einem Teller beiseite stellen.

4. 2 Esslöffel Olivenöl in den Topf geben und das übrige Gemüse mit den Oliven bei mittlerer Hitze 6 bis 8 Minuten braten. Kapern und erneut Auberginen unterrühren. Basilikum waschen, Blättchen von den Stängeln zupfen und unter das Gemüse mischen. Zugedeckt bei geringer Hitze alles noch 5 Minuten garen.

5. Zucker und Essig verrühren und unter das Gemüse mischen, mit Salz abschmecken. Pinienkerne in einer trockenen Pfanne hellbraun rösten. Gemüse in eine Schüssel geben und mit den Pinienkernen bestreut lauwarm servieren.

reicht für 4–6:

700 g möglichst kleine Auberginen
2 EL Zitronensaft
2 mittelgroße weiße Zwiebeln
1/2 Staude Staudensellerie
4 mittelgroße Tomaten
100 g entsteinte grüne Oliven
6 EL Olivenöl
50 g Kapern
1 Bund Basilikum
1 TL Zucker
4 EL Weinessig
Salz
30 g Pinienkerne

dauert: 50 Minuten

Typisch italienisch

Frittiertes Gemüse mit Zitrone

1. Eier trennen. Eigelbe in eine Schüssel geben und mit 200 Milliliter Wasser, Anisschnaps und dem Salz verquirlen. Mehl nach und nach darauf sieben und mit dem Schneebesen unterheben, so dass ein glatter, flüssiger Teig entsteht. Zum Ausquellen stehen lassen, bis das Gemüse vorbereitet ist.

2. Das Gemüse waschen. Blumenkohl und Brokkoli in kleine Röschen teilen, auf einem Küchentuch abtropfen lassen. Zucchini schräg in Scheiben schneiden.

3. Von den Frühlingszwiebeln Wurzelansätze und dunkelgrüne Röhren abschneiden. Vom Spargel die harten Enden abschneiden. Die Stangen halbieren.

4. Leicht gesalzenes Wasser in einem großen Topf aufkochen und die Gemüse nacheinander 6 bis 8 Minuten vorgaren, kurz kalt abbrausen und gründlich abtropfen lassen.

5. Von der Petersilie die Stiele bis auf 2 Zentimeter abschneiden. Die Petersilienblätter mit den Salbeiblättern waschen und mit Küchenpapier trockentupfen.

6. Eiweiß zu steifem Schnee schlagen und unter den Teig heben. In einer Fritteuse reichlich Öl erhitzen, bis ein hineingehaltenes Hölzchen Bläschen wirft. Auf einer Platte 2 Lagen Küchenpapier ausbreiten.

7. Die Gemüsestücke in kleinen Portionen in den Teig tauchen und in der Fritteuse goldbraun ausbacken, kurz abtropfen lassen, auf Küchenpapier entfetten und auf eine Servierplatte legen. Zuletzt die Kräuter in Teig tauchen, ausbacken und auf dem Gemüse verteilen.

8. Die Zitronen waschen und abtrocknen, in Viertel schneiden und zum Beträufeln neben Gemüse und Kräuter legen. Das Fritto misto warm servieren.

reicht für 4–6:

für den Teig:
2 Eier
2 EL Anisschnaps
1/2 TL Salz
200 g Mehl
Sonnenblumenöl zum Frittieren

für das Gemüse:
je 200 g Blumenkohl und Brokkoli
2 mittelgroße Zucchini
2 Bund Frühlingszwiebeln
200 g zarter grüner Spargel
Salz
1 Bund glatte Petersilie
12 Salbeiblätter
2 unbehandelte Zitronen

dauert: 60 Minuten

Tipp

Ebenfalls zum Ausbacken eignen sich zarte grüne Bohnen, kleine, halbierte Artischocken, kleine Pilze, Staudenselleriestücke oder auch Zucchiniblüten, diese jedoch nicht blanchieren.

*< **Nicht ganz fettarm, aber köstlich: ausgebackene Gemüse und Kräuter, die vor dem Essen leicht mit Zitronensaft beträufelt werden.***

Wenn Sie die Wahl haben, greifen Sie möglichst bei jungen, kleinen Zucchini zu, die aromatischer schmecken als größere.

Zucchinipuffer mit Kräuterjoghurt

Aus der Türkei

reicht für 4–6:

2 Becher stichfester Joghurt (à 150 g)
je 2 EL gehackte Petersilie, Minze und Dill
1 TL Olivenöl
1 Knoblauchzehe
Salz
1 TL Zitronensaft
800 g möglichst kleine, feste Zucchini
3 Frühlingszwiebeln
1 Bund Dill
1 Bund glatte Petersilie
3 EL Mehl
2 EL geriebener Emmentaler
3 Eier
frisch gemahlener Pfeffer
etwa 100 ml Sonnenblumenöl zum Braten

dauert: 45 Minuten

1. Den Joghurt glatt rühren. Kräuter und Öl untermischen. Knoblauch abziehen, durch die Presse dazudrücken und einrühren. Mit Salz und Zitronensaft abschmecken.

2. Zucchini waschen, Stiel- und Blütenansätze abschneiden. Schadhafte Stellen mit dem Messer abschaben. Zucchini auf der Gemüsereibe grob raffeln, mit 1 Teelöffel Salz bestreuen und 15 Minuten Saft ziehen lassen.

3. Die Frühlingszwiebeln waschen, Wurzeln und dunkelgrüne Röhren abschneiden und in sehr dünne Scheibchen schneiden. Kräuter waschen, trockenschwenken, Blättchen hacken.

4. Zucchini in ein Haarsieb geben und die Flüssigkeit auspressen. Zucchinimasse mit Frühlingszwiebeln, Kräutern, Mehl, geriebenem Käse und den Eiern verrühren. Die Mischung mit Salz und Pfeffer würzen.

5. In einer Pfanne 2 bis 3 Esslöffel Öl erhitzen und aus jeweils 1 gehäuften Esslöffel Gemüsemischung kleine Puffer von beiden Seiten goldbraun braten, nach Bedarf Öl zugießen. Die Puffer auf Küchenpapier abtropfen lassen. Die Joghurtsauce dazuservieren.

Die mit Käse gefüllten, ausgebackenen Zucchiniblüten werden Ihre Gäste begeistern. >

Frühlingshit

Zucchiniblüten mit Käsefüllung

1. Eier verquirlen, nach und nach das Mehl übersieben und untermischen. Mineralwasser unterquirlen und den Teig mit Salz und Muskat würzen. Bis zur Weiterverwendung ruhen lassen.

2. Die Zucchiniblüten möglichst nicht waschen, sondern nur leicht mit einem Pinsel säubern. Die Blüten auseinander ziehen und die Blütenstempel vorsichtig herausschneiden.

3. Ricotta, Parmesan und Milch zu einer geschmeidigen Creme verrühren. Schinken fein hacken und zufügen. Basilikumblätter zerpflücken und untermischen.

4. Die Mischung mit Salz und Pfeffer würzen, in die Blüten füllen und die Enden gut zusammendrehen.

5. Das Öl in der Fritteuse erhitzen, bis ein hineingehaltenes Hölzchen Bläschen wirft. Die Blüten in den Teig tauchen, leicht abtropfen lassen und im Öl goldbraun ausbacken. Mit der Zitrone in Achteln anrichten.

Weintipp

Reichen Sie zu den Blüten einen leichten, prickelnden Prosecco.

reicht für 4–6:

2 Eier
100 g Mehl
125 ml Mineralwasser
Salz
1 Prise geriebene Muskatnuss
12 Zucchiniblüten
150 g Ricotta
50 g frisch geriebener Parmesan
4 EL Milch
100 g Parmaschinken
4 Zweige Basilikum
frisch gemahlener Pfeffer
Speiseöl zum Frittieren
1 Zitrone

dauert: 45 Minuten

Gebratene Auberginen und Zucchini

Preiswert

reicht für 4–6:

400 g Auberginen
400 g feste Zucchini
200 g Mehl
150 ml Bier oder Mineralwasser
Salz
etwa 250 ml Olivenöl zum Ausbacken
3 Becher Bulgara-Joghurt (à 175 g)
3 Knoblauchzehen

dauert: 45 Minuten

1. Auberginen und Zucchini waschen, putzen und längs in 1/2 Zentimeter dicke Scheiben schneiden.

2. 150 Gramm Mehl sieben, nach und nach Bier oder Mineralwasser unterrühren, so dass ein flüssiger Teig entsteht. Leicht salzen. Auberginen- und Zucchinischeiben in 50 Gramm Mehl wenden.

3. Das Öl in einer Pfanne gut erhitzen. Nacheinander das Gemüse in den Teig tauchen und rasch von beiden Seiten braten, abtropfen lassen.

4. Joghurt in einer Schüssel verrühren. Knoblauch abziehen, durch die Presse dazudrücken, 1/2 Teelöffel Salz dazurühren. Joghurt zum Gemüse servieren.

Gefüllte Paprika

Griechische Spezialität

reicht für 4–6:

4 große rote Paprikaschoten
200 g Feta-Käse
1/2 Bund glatte Petersilie
2 EL Joghurt
1 Ei, Größe M
4 EL Olivenöl
2 EL Zitronensaft
frisch gemahlener Pfeffer
frischer oder getrockneter Oregano
Brot nach Belieben

dauert: 35 Minuten

1. Den Backofen auf 225 °C (Umluft 200 °C, Gas Stufe 4–5) vorheizen. Ein Blech mit Alufolie auslegen. Die Paprikaschoten waschen, bis zu den Stielen aufschlitzen und die Kerne herauslösen.

2. Den Käse mit der Gabel fein zerdrücken. Petersilie waschen, Blättchen hacken, mit Joghurt und verquirltem Ei unter den Käse mischen.

3. Die Käsepaste in die Paprikahälften füllen und nebeneinander auf das Blech setzen. Das Öl darüber träufeln und die Schoten auf der mittleren Schiene des Backofens 15 bis 20 Minuten backen, mit Zitronensaft beträufeln, mit Pfeffer und Oregano bestreuen oder mit Oreganoblättchen garnieren. Warm mit Brot servieren.

Aus Süditalien

Auberginenscheiben mit Käsefüllung

1. Auberginen waschen, Stiele und Stielansätze abschneiden und Auberginen schräg in 1,5 Zentimeter dicke Scheiben schneiden. Einen mittelgroßen Topf halb mit Wasser füllen, Wasser aufkochen, 1 Teelöffel Salz zufügen. Die Auberginenscheiben darin 5 Minuten vorgaren, abtropfen lassen, vorsichtig ausdrücken und trockentupfen.

2. Die Scheiben auf einem Brett auslegen, leicht mit Salz und Pfeffer bestreuen. Den Käse auf die Größe der Auberginenscheiben in dünne Scheiben schneiden. Die Hälfte der Auberginen damit belegen, mit je 2 Basilikumblättern bedecken. Jeweils eine zweite Auberginenscheibe wie bei einem Sandwich darauf legen.

3. Das Paniermehl auf einen flachen Teller geben. Das Ei mit Mehl und eine Prise Salz in einem Schüsselchen verquirlen. Öl in der Pfanne erhitzen. Die Auberginensandwiches zuerst in der Eimischung, dann in Paniermehl wenden und in Öl von beiden Seiten bei guter Mittelhitze vorsichtig ausbacken. Auf Küchenpapier abtropfen lassen.

reicht für 4–6:

600 g große Auberginen
Salz, frisch gemahlener Pfeffer
200 g Provolone am Stück, ersatzweise Edamer
1 Bund Basilikum
100 g Paniermehl
1 großes Ei
100 g Mehl
Olivenöl zum Ausbacken

dauert: 40 Minuten

Tipp

Dazu schmecken Parmaschinken oder Salamischeiben mit Fenchel oder scharfem Peperoncino gewürzt.

Provolone ist ein italienischer würziger Käse, der ursprünglich aus Schafsmilch hergestellt wird. Mittlerweile verwendet man jedoch auch Kuhmilch.

Delikat

Gelbe Linsenbällchen

1. Die Schalotten abziehen und fein hacken. Peperoni waschen, längs halbieren, Stiele, Kerne und Trennwände entfernen und die Hälften in sehr dünne Streifchen schneiden. Ein Drittel davon beiseite legen.

2. Butter erhitzen, Schalotten und übrige Peperoni darin anbraten, bis die Schalotten glasig werden, ebenfalls beiseite stellen.

3. Die Linsen im Sieb waschen und mit 750 Milliliter Wasser und 1 Teelöffel Salz bei geringer Hitze etwa 30 Minuten garen, bis sie sehr weich sind und fast alles Wasser aufgenommen haben. Den Bulgur unterrühren, alles 5 Minuten stehen lassen und dann in einem Sieb abtropfen lassen.

4. Linsenmischung in eine Schüssel geben, eine Vertiefung eindrücken. Gebratene Zwiebeln und Peperoni, Tomaten- und Paprikamark, Piment und Pfeffer hineingeben, alles vermischen und mit Salz abschmecken.

5. Die Kräuter waschen, trockenschwenken und auf einer Platte ausbreiten. Mit leicht eingeölten Händen aus je 1 Esslöffel Linsengemisch walnussgroße Bällchen formen, leicht flach drücken und auf den Kräutern anrichten, mit den in Vierteln geschnittenen Tomaten garnieren.

Tipp

Die Linsenbällchen mit Streifen von knackigen roten Paprikaschoten anrichten, das gibt einen hübschen farblichen und pikanten Kontrast.

reicht für 4–6:

2 Schalotten

2 scharfe oder milde Peperoni

30 g Butter

160 g geschälte rote Linsen

Salz

240 g fein gemahlener Bulgur

1 EL Tomatenmark

1 EL Paprikamark

1 gute Messerspitze gemahlener Piment

frisch gemahlener Pfeffer

je 1/2 Bund glatte Petersilie und Minze zum Garnieren

Olivenöl für die Hände

2 Tomaten

dauert: 1 Stunde 10 Minuten

< Ob als raffiniertes Fingerfood oder als schöner Auftakt für ein Mittelmeermenü, die gelben Linsenbällchen sollten Sie auf alle Fälle probieren.

Verwenden Sie für die Tortilla am besten eine vorwiegend fest kochende Kartoffelsorte.

Kartoffeltortilla

Ideal für ein Picknick

reicht für 6:

750 g Kartoffeln
2 große Zwiebeln
8 EL Olivenöl
Salz
frisch gemahlener Pfeffer
6 mittelgroße Eier

dauert: 1 Stunde 15 Minuten

1. Die Kartoffeln schälen und in dünne Scheiben schneiden. Zwiebeln abziehen, vierteln und in dünne Streifen schneiden. 4 Esslöffel Olivenöl in einer Pfanne mittelstark erhitzen. Die Zwiebeln darin glasig dünsten, mit einem Sieblöffel aus der Pfanne nehmen und in einem Schüsselchen beiseite stellen.

2. Kartoffeln im Restöl der Pfanne unter gelegentlichem Wenden bei geringer Hitze zugedeckt 20 bis 25 Minuten braten, bis sie weich sind.

3. Zwiebeln untermischen, alles mit Salz und Pfeffer würzen und abkühlen lassen.

4. In einer großen Schüssel die Eier verquirlen, Kartoffeln und Zwiebeln unterheben. 2 Esslöffel Olivenöl in der Pfanne mittelstark erhitzen und die Kartoffelmischung darin 6 bis 8 Minuten braten, dabei die Pfanne gelegentlich leicht rütteln.

5. Das Omelett auf einen Deckel gleiten lassen, umgedreht zurück in die Pfanne geben. 2 Esslöffel Olivenöl angießen und die zweite Seite in 6 bis 8 Minuten fertig braten. Das Omelett kurz ruhen lassen, in kleine Quadrate schneiden, auf eine Platte legen und mit Holzstäbchen zum Aufpicken servieren.

Tipp

Mit den Zwiebeln zusätzlich Streifen von 2 roten Paprikaschoten und/oder 50 Gramm gewürfeltem Serrano-Schinken oder auch Chorizo-Scheibchen braten.

Echt spanisch

Spargeltortilla

1. Die Spargelstangen waschen. Harte Enden abschneiden. Die Stangen in 3 bis 4 Zentimeter lange Stücke schneiden. Die Spargelköpfe beiseite legen.

2. Knoblauchzehe abziehen und fein hacken. Petersilie waschen, trockenschwenken, Blättchen von den Stängeln zupfen und hacken.

3. In einer großen Pfanne 3 Esslöffel Olivenöl mittelstark erhitzen und die Spargelstücke – ohne die Köpfe – 3 Minuten braten. Die Spargelköpfe und 2 bis 3 Esslöffel Wasser zugeben und alles 1 weitere Minute braten.

4. Knoblauch und Petersilie unterrühren und alles noch 1/2 Minute braten, mit Salz und Pfeffer würzen. Die Pfanne zugedeckt beiseite stellen.

5. In einer großen Schüssel Eier mit Mehl, 5 bis 6 Esslöffel Wasser und etwas Salz verquirlen. Den abgekühlten Spargel unterheben.

6. In der gesäuberten Pfanne 3 Esslöffel Olivenöl erhitzen. Die Eier mit dem Spargel in die Pfanne geben und die eine Seite der Tortilla bei guter Mittelhitze braten, bis die Unterseite goldbraun ist. Gelegentlich mit dem Pfannenwender leicht anheben.

7. Die Tortilla auf einen Deckel oder Teller gleiten lassen und umgedreht in die Pfanne geben. 3 Esslöffel Olivenöl am Rand zugießen. Die zweite Seite fertig braten. Die Tortilla auf eine Platte gleiten lassen und in Achtel oder Streifen schneiden.

reicht für 4–6:

500 g grüner Spargel
1 Knoblauchzehe
1 Bund glatte Petersilie
9 EL Olivenöl
Salz
1 Prise frisch gemahlener Pfeffer
6 große Eier
2 EL Mehl

dauert: 40 Minuten

Grüner Spargel schmeckt würziger und intensiver als weißer Spargel. Zudem spart man sich Arbeit, da er nicht geschält werden muss.

Genuss pur

Fisch & Meeresfrüchte

Snacks und Vorspeisen aus den Tiefen des Meeres

Bei den Anrainern des Mittelmeers gelangen sie unmittelbar aus dem Meer in den Kochtopf: Fische, Krustentiere, Tintenfische und Muscheln. Sie werden nicht nur als Hauptgerichte zubereitet, sondern bereichern auch das Angebot an kleinen Snacks und Vorspeisen, die auf vielerlei köstliche Arten zubereitet werden, z. B. auf dem Grill gegarte Scampi- und Schwertfischspieße, Muscheln und Sardinen mit würziger Marinade, frittierte Tintenfische oder die im Backofen überkrusteten Muscheln – jedes Gericht wird zu einem unvergesslichen Genuss.

< *Das Rezept für die Scampi-Gemüse-Spießchen finden Sie auf Seite 70.*

Um das würzige Aroma zu erhalten, sollte Basilikum möglichst nicht gewaschen werden. Verwenden Sie daher möglichst Basilikum aus ökologischem Anbau.

Scampi-Gemüse-Spießchen

Raffiniert

reicht für 8:

36 (300 g) Garnelenschwänze, geschält und gegart
6 EL Olivenöl
2 EL Zitronensaft
2 Knoblauchzehen
1 EL gehackte, frische Thymianblättchen
4 Spitzpaprika
250 g Kirschtomaten
4 Stängel Basilikum
1 unbehandelte Zitrone
Salz

dauert: 35 Minuten (plus 2 Stunden kühlen)

1. Die Garnelenschwänze unter fließendem Wasser waschen und trockentupfen. Öl mit Zitronensaft in eine Schüssel geben. Knoblauchzehen abziehen, durch die Knoblauchpresse dazudrücken, die Thymianblättchen zufügen. Alles verrühren und die Garnelen darin wenden. Zugedeckt 2 Stunden kühl stellen.

2. Paprikaschoten waschen, Stiele, Stielansätze, Kerne und Trennnwände herauslösen. Die Schoten quer in 2 Zentimeter breite Ringe schneiden.

3. Die Tomaten waschen, trocknen und halbieren. Basilikumblättchen von den Stängeln zupfen. Garnelen abtropfen lassen und abwechselnd mit Paprika, Tomaten und einigen Basilikumblättchen auf 8 oder 16 Spießchen stecken. Das Gemüse mit Marinieröl einpinseln. Die Zitrone waschen und in Achtel schneiden.

4. Die Garnelenspießchen von jeder Seite 2 Minuten grillen oder mit etwas Öl in der Pfanne braten. Mit wenig Salz bestreuen und auf einer vorgewärmten Platte mit restlichem Basilikum und Zitronenachteln anrichten.

Tipp

Tiefkühlgarnelen im Kühlschrank in einer Schüssel auftauen lassen, in einem Sieb waschen und wie beschrieben zubereiten.

Zu den gefüllten Sardinen einfach frisches Ciabatta reichen, um die köstliche Ölmischung aufzutunken. >

Schmeckt nach Urlaub

Gefüllte Sardinen

1. Die Sardinen unter fließendem kaltem Wasser innen und außen waschen, mit Küchenpapier trockentupfen. Die Fische vorsichtig auseinander klappen und bei jedem die Rückengräte heraustrennen. Die Sardinen dürfen dabei keinesfalls in zwei Teile zerfallen.

2. Sardinen innen und außen mit Salz und Pfeffer einreiben. Zwiebeln und Knoblauchzehen abziehen und fein würfeln, in 2 Esslöffel Öl in der Pfanne glasig braten. Das Paniermehl einrühren und kurz mitbraten. Alles in ein Schüsselchen geben.

3. Die Petersilie waschen, trockenschwenken und hacken. Die Hälfte davon mit Ei, etwas Salz und Pfeffer in das Schüsselchen geben und untermischen. Sardinen mit der Eimasse füllen und mit Hölzchen zusammenstecken. Die Fische leicht in Mehl wenden.

4. 6 Esslöffel Olivenöl in der Pfanne erhitzen und die Sardinen rundum goldbraun braten. Das Öl bis auf einen kleinen Rest abgießen. Den Wein zu den Sardinen gießen, 5 bis 6 Minuten einkochen lassen und dabei die Sardinen fertig garen, mit restlicher Petersilie bestreuen.

reicht für 4–6:

16 große, frische, geschuppte und ausgenommene Sardinen ohne Köpfe

Salz

frisch gemahlener Pfeffer

2 mittelgroße Zwiebeln

2 Knoblauchzehen

8 EL Olivenöl

100 g Paniermehl

1 Bund glatte Petersilie

1 Ei

2 EL Mehl

1/4 l trockener Weißwein

dauert: 40 Minuten

Muscheln mit Paprikavinaigrette

Köstliches aus dem Meer

reicht für 8:

500 g große Miesmuscheln
1/4 l trockener Weißwein
1 TL schwarze Pfefferkörner
Salz
2–3 EL Zitronensaft
je 1/2 rote und grüne Paprikaschote
2 Frühlingszwiebeln
3 EL gehackte Petersilie
4 EL Olivenöl
1 Messerspitze Cayennepfeffer

dauert: 30 Minuten (plus 30 Minuten kühlen)

1. Die Muscheln in reichlich Wasser säubern. Geöffnete Muscheln wegwerfen. Wein mit den Pfefferkörnern aufkochen. Muscheln darin zugedeckt bei starker Hitze 3 Minuten garen.

2. Noch geschlossene Muscheln wegwerfen. Den Sud auf ein Drittel einkochen, durchsieben und mit Salz und Zitronensaft abschmecken.

3. Leere Schalenhälften abbrechen. Die gefüllten Schalen auf eine Platte legen. Paprika waschen, putzen und sehr klein würfeln. Frühlingszwiebeln waschen, putzen und nur das Weiße würfeln.

4. Gemüse und Petersilie mit Öl und Sud vermischen, mit Cayennepfeffer würzen, auf den Muscheln verteilen, kühl durchziehen lassen.

Marinierte Sardellen

Tapa-Klassiker

reicht für 4–6:

600 g frische Sardellen
150 ml Sherry- oder Weißweinessig
3 Knoblauchzehen
1 Bund glatte Petersilie
Salz, frisch gemahlener Pfeffer
2 EL Olivenöl

dauert: 45 Minuten (plus 2–3 Stunden marinieren)

1. Sardellen an der Bauchunterseite aufschlitzen und ausnehmen. Kopf mit einem Ruck abknicken und die Mittelgräte vorsichtig abziehen. Fische waschen und trockentupfen.

2. Sardellen auseinander geklappt in eine flache Schüssel legen. Essig mit 150 Milliliter Wasser verrühren und überträufeln. Fische zugedeckt 1 bis 2 Stunden marinieren.

3. Knoblauch und Petersilie hacken. Marinade abgießen. Sardellen abspülen, mit Salz, Pfeffer, Knoblauch und Petersilie bestreuen. Öl überträufeln und die Fische 60 Minuten durchziehen lassen.

Es empfiehlt sich, Parmesan immer frisch zu reiben. Der Geschmack ist unvergleichlich besser als von »Tütenparmesan«. >

Überbackene Miesmuscheln

1. Die Muscheln in eine große Schüssel geben und mit kaltem Wasser bedeckt 15 Minuten stehen lassen. In ein Sieb schütten, bereits geöffnete Muscheln wegwerfen. Die Muscheln mehrmals in frischem Wasser waschen.

2. Die Schalotten abziehen und vierteln. Wein mit Schalotten, Peperoncini, Piment- und Pfefferkörnern, Lorbeerblatt und Salz in einem großen Topf aufkochen, die Muscheln darin zugedeckt bei starker Hitze 5 bis 6 Minuten kochen, dabei mehrmals rütteln. In ein Sieb gießen und abtropfen lassen, Muschelsud auffangen. Geschlossene Muscheln wegwerfen.

3. Paniermehl in ein Schüsselchen geben. Die Kräuter und den Sellerie waschen, fein hacken, zum Paniermehl geben. Knoblauchzehen abziehen, durch die Knoblauchpresse dazudrücken.

4. Backofengrill vorheizen. Bei jeder Muschel die leere Schalenhälfte abbrechen. Die Schalen mit dem Muschelfleisch nebeneinander auf ein großes Backblech legen. Jede mit Kräutermischung auffüllen. Das Olivenöl mit 6 Esslöffel Muschelsud verrühren und auf die Muschelfüllung träufeln, mit Parmesan bestreuen und 1 bis 2 Minuten unter dem Grill leicht bräunen, sofort servieren.

reicht für 4–6:

1,5 kg küchenfertige Miesmuscheln
2 Schalotten
1/2 l trockener Weißwein
2 Peperoncini
4 Pimentkörner
1 TL Pfefferkörner
1 Lorbeerblatt
1 TL Salz
50 g Paniermehl
je 1/2 Bund glatte Petersilie und Basilikum
1 Zweig frischer Thymian
2 zarte Sellerieblätter vom Staudensellerie
2 Knoblauchzehen
6 EL Olivenöl
50 g geriebener Parmesan

dauert: 60 Minuten

Aus Istanbul

Frittierte Muscheln mit Walnussdip

1. Für die Sauce die Walnüsse im Blitzhacker fein zerkleinern. Zitrone auspressen. Vom Weißbrot die Rinde dünn abschneiden, Brot in wenig Wasser einweichen, gut ausdrücken und mit Zitronensaft und Öl zu den Walnüssen geben. Knoblauchzehe abziehen und durch die Knoblauchpresse dazudrücken.

2. Alles gut verrühren. So viel Wasser zugießen, dass eine dickflüssige Sauce entsteht. Mit Salz würzen.

3. Muscheln gründlich waschen, bereits geöffnete wegwerfen. Muscheln in einen großen Topf geben, 1/2 Liter Wasser und 1 Esslöffel Salz zugeben, zugedeckt bei starker Hitze 5 bis 7 Minuten kochen, bis sich die Muscheln geöffnet haben. Topf gelegentlich rütteln. Muscheln abgießen und abkühlen lassen.

4. Geschlossene Muscheln wegwerfen, aus den geöffneten das Muschelfleisch herauslösen.

5. 3 Esslöffel Mehl auf einen Teller sieben und die Muscheln darin wenden. Überschüssiges Mehl abschütteln. Aus 3 Esslöffel Mehl, Stärkemehl, Eigelb und Bier einen flüssigen Teig herstellen, leicht salzen. Das Salatherz waschen und abtropfen lassen. In den Blättern die Walnusssauce anrichten.

6. Reichlich Öl in einer Pfanne erhitzen. Jeweils 3 bis 4 Muscheln auf Holzzahnstocher stecken, durch den Teig ziehen und im Öl goldgelb ausbacken. Auf Küchenpapier abtropfen lassen und zu der Sauce anrichten.

reicht für 4–6:

100 g geschälte Walnusskerne

1 Zitrone

2 Scheiben Weißbrot

je 2 EL Sonnenblumen- und Walnussöl

1 Knoblauchzehe

Salz

1 1/2 kg Miesmuscheln

6 EL Mehl

1 EL Stärkemehl

1 Eigelb

1 Schuss helles Bier

1 Romanasalatherz

Sonnenblumenöl zum Ausbacken

1 Päckchen Zahnstocher

dauert: 60 Minuten

Tipp

Tiefgekühlte Miesmuscheln antauen lassen, auf Hölzchen stecken, durch den Teig ziehen und frittieren.

< Bei in Bierteig ausgebackenen Muscheln mit raffiniertem Walnussdip kann niemand widerstehen!

Tintenfische auf Rucola

Zum Verlieben

reicht für 4:

750 g sehr kleine, frische Tintenfische, ersatzweise tiefgekühlt
3–4 EL Mehl
2 Knoblauchzehen
Olivenöl zum Frittieren
1–2 Bund Rucola
Salz
1 Zitrone

dauert: 50 Minuten

1. Die Tintenfische gründlich waschen und putzen. Dazu die Häute abziehen, die Fangarme mit den Innereien aus dem Körper herausziehen, dicht hinter dem Kopf abschneiden.

2. Die Innereien wegwerfen. Verwendet werden Fangarme und die Säckchen. Diese bei größeren Tintenfischen in Streifen schneiden.

3. Das Mehl auf einen flachen Teller geben und die Tintenfische darin leicht wenden, überschüssiges Mehl abschütteln.

4. Knoblauchzehen abziehen. Das Öl in einer Fritteuse erhitzen und die Knoblauchzehen hineingeben. Sobald an einem in das Öl getauchten Hölzchen Bläschen aufsteigen, Knoblauch herausnehmen.

5. Nach und nach die Tintenfische im Öl knusprig frittieren und auf Küchenpapier abtropfen lassen. Rucola waschen, trockenschwenken und auf einer Platte anrichten. Die Tintenfische darauf geben, mit wenig Salz bestreuen. Die Zitrone waschen, in Achtel schneiden und zum Beträufeln dazulegen.

∧ ***Die aus dem Urlaub bekannten Calamares kann man mühelos selbst machen.***

Ein bisschen teurer

Schwertfischspießchen mit Lorbeer

1. Fisch mit kaltem Wasser waschen, mit Küchenpapier trockentupfen, in Würfel von etwa 2 1/2 Zentimeter Kantenlänge schneiden. Zwiebel abziehen und fein in ein Schüsselchen reiben. Zitronensaft, je eine Prise Salz und Pfeffer und das Olivenöl unterrühren. Die Fischwürfel darin wälzen, kühl stellen und 60 Minuten marinieren.

2. Peperoni entstielen, waschen und mit Kernen quer in 2 1/2 Zentimeter große Stücke schneiden. Zitrone gründlich waschen, in sehr dünne Scheiben schneiden. 8 Grillspießchen mit etwas Marinade einpinseln.

Tipp

Die Fischspieße auf einem Salatbett mit Tomatenachteln anrichten.

3. Abwechselnd Fischwürfel, Peperonistücke, Lorbeerblätter und zusammengeklappte Zitronenscheibchen auf die Spieße stecken. Grill vorheizen und die Schwertfischspieße von jeder Seite 4 bis 5 Minuten grillen oder mit zusätzlichem Olivenöl in der Pfanne braten.

Getränketipp

Dazu passen Raki oder Ouzo, mit Eiswasser aufgegossen, oder ein gut gekühlter trockener Weißwein von Santorin.

reicht für 4–6:

500 g Schwertfischsteak
1 mittelgroße Zwiebel
2 EL Zitronensaft
Salz, frisch gemahlener schwarzer Pfeffer
4 EL Olivenöl
3 milde Peperoni
1 unbehandelte Zitrone
12 Lorbeerblätter

dauert: 45 Minuten (plus 60 Minuten marinieren)

Das Marinieren verleiht dem Schwertfisch ein feines Aroma und macht das Fleisch schön zart.

Statt im Blitzhacker können die Mandeln auch sehr gut mit einem großen Messer gehackt werden.

Fischklößchen mit Mandeldip

Mit feinem Aroma

reicht für 4:

für den Mandeldip:
50 g geschälte Mandeln
2 Knoblauchzehen
2 Scheiben Weißbrot
1 Prise Safran
1/8 l Weißwein
4 EL Olivenöl
1/4 l Gemüsebrühe (Instant)
Salz, frisch gemahlener Pfeffer
1 Löffelspitze Honig
für die Klößchen:
250 g Kabeljaufilet ohne Haut und Gräten
2 trockene Brötchen
4 EL Milch
1 Ei
1 EL Mehl
Salz, frisch gemahlener Pfeffer
1 Prise gemahlener Zimt
1/2 Bund glatte Petersilie
Olivenöl zum Ausbacken

dauert: 45 Minuten

1. Für die Sauce Mandeln in den Blitzhacker geben. Knoblauchzehen abziehen und hacken, Weißbrot würfeln, alles mit Safran und Wein im Mixer zerkleinern. Die Paste in Olivenöl andünsten, Brühe unterrühren und aufkochen, mit Salz, Pfeffer und Honig würzen.

2. Den Fisch waschen, trockentupfen. Brötchen würfeln, mit Fisch und Milch im Blitzhacker zu einer Paste verarbeiten. In einer Schüssel mit Ei und Mehl vermengen, mit Salz, Pfeffer und Zimt würzen.

3. Die Petersilie waschen, trockenschwenken, Blättchen hacken und untermischen. In einer Fritteuse reichlich Olivenöl erhitzen, bis an einem hineingehaltenen Hölzchen Bläschen aufsteigen.

4. Aus der Fischfarce mit 1 Esslöffel Klößchen abstechen, mit einem zweiten Esslöffel in das Öl schieben. Die Klößchen hellbraun ausbacken, auf Küchenpapier abtropfen lassen und mit dem Mandeldip servieren.

Tipp

Rote Paprikastreifen ergeben einen hübschen Kontrast zu den Klößchen und schmecken auch zum Dip.

Ganz einfach

Sardinen in Weinblättern gegrillt

1. Sardinen innen und außen waschen und mit Küchenpapier trocknen. Fische innen und außen leicht mit Salz bestreuen, kurz ruhen lassen.

2. Weinblätter 10 Minuten in kaltes Wasser legen, zwischen Küchenpapier trocknen, Innenseite mit Olivenöl einpinseln.

3. Sardinen mit Küchenpapier abtupfen, innen und außen mit Pfeffer bestreuen. Petersilie waschen, trockenschwenken, Stängel abschneiden und in jede Sardine 1 Petersilienzweig legen.

4. Die Sardinen einzeln in je 2 Weinblätter einwickeln, eventuell mit Hölzchen befestigen. Wickel mit Olivenöl einpinseln.

5. Sardinen nebeneinander auf den Grillrost legen, von beiden Seiten, je nach Größe, 6 bis 8 Minuten grillen. Restliche Petersilie fein hacken, in ein Schüsselchen geben. Zitronensaft mit dem restlichen Olivenöl und 3 bis 4 Esslöffel Wasser unter die Petersilie mischen.

6. Weinblatthüllen auf den Tellern öffnen, etwas von der Marinade auf die Fische träufeln, mit frischem Fladenbrot servieren.

reicht für 4–6:

600 g mittelgroße, küchenfertige Sardinen
Salz
etwa 40 Weinblätter
6 EL Olivenöl
frisch gemahlener schwarzer Pfeffer
2 Bund glatte Petersilie
Saft von 2 Zitronen
Fladenbrot

dauert: 45 Minuten

Tipp

Falls kein Grill vorhanden ist, können die Fische auch bei 220 °C (Gas Stufe 4–5, keine Umluft!) 15 bis 20 Minuten im Backofen gegart werden. Dafür legt man sie dicht nebeneinander in eine Form und beträufelt sie mit etwas Olivenöl.

Bei den Weinblättern darauf achten, dass die schön glänzende Blattoberseite nach außen kommt.

Pikante Happen

Fleisch & Geflügel

Kräuter wecken Urlaubserinnerungen

Kräuterduft von Rosmarin, Salbei und Basilikum, Aromen von Kreuzkümmel und Koriander, Würzzutaten wie Aceto balsamico, Marsalawein, Pinienkerne und Pistazien – durch sie werden die kleinen Fleischgerichte aus den Mittelmeerregionen zum kulinarischen Erlebnis. Sie schmecken nicht nur wunderbar, sondern wecken unvergessliche Erinnerungen an eine Tapabar in Andalusien oder an die reich gedeckte Mezzetafel in Griechenland. Das alles lässt sich auch zu Hause leicht und schnell nachvollziehen mit den Rezepten in diesem Kapitel.

< *Das Rezept für Schweinefilet in Rosmarinmarinade finden Sie auf Seite 82.*

Rosmarin kann problemlos auf der Fensterbank oder auf dem Balkon gezogen werden; so ist er immer frisch zur Hand.

Schweinefilet in Rosmarinmarinade

Aus der Toskana

reicht für 4–6:

400 g Schweinefilet
frisch gemahlener schwarzer Pfeffer
5 EL Marsala
4 EL Aceto balsamico
1 Sträußchen oder 1 Topf frischer Rosmarin
4 EL Olivenöl
Salz

dauert: 45 Minuten (plus 30 Minuten marinieren)

1. Das Fleisch kalt waschen und mit Küchenpapier trockentupfen, in 2,5 Zentimeter dicke Scheiben schneiden. Die Scheiben vom dicken Filetende halbieren oder vierteln.

2. Das Fleisch leicht mit Pfeffer einreiben. Marsala und Aceto balsamico miteinander verrühren und die Scheiben darin wenden, 30 Minuten ziehen lassen.

3. Eine größere Anzahl kleiner Rosmarinzweige abbrechen. Die Fleischstücke abtropfen lassen. Die Scheiben von der Seite her mit einem Holzspießchen durchbohren. Auf jeden Rosmarinzweig 1 bis 2 Fleischstücke stecken.

4. Das Olivenöl in einer Pfanne erhitzen und das Fleisch bei mittlerer Hitze rundum 2 bis 3 Minuten anbraten, bis es bräunt.

5. Die übrige Marsala-Essig-Mischung mit 1 bis 2 Esslöffel Wasser verrühren, darüber träufeln und bei schwacher Hitze noch 2 bis 3 Minuten dünsten. Mit Salz bestreuen und mit dem übrigen Rosmarin garnieren.

Tipp

Dazu noch knackige, geviertelte Salatherzen, mit Zitrone und Olivenöl beträufelt, anrichten.

Die spanischen Fleischspießchen sind eine schöne Abwechslung für die nächste Grillparty. >

Aus Südspanien

Maurische Fleischspießchen

1. Das Fleisch in Faserrichtung in 7 Zentimeter lange, dünne Streifen schneiden. Die Knoblauchzehen abziehen, im Mörser mit dem Salz fein zerstoßen und in eine Schüssel geben. Gewürze, Öl und Zitronensaft zufügen und alles zu einer Marinade verrühren.

2. Die Fleischstreifen darin wenden und zum Marinieren 2 Stunden zugedeckt kühl stellen.

3. Das Fleisch zickzackartig, etwa 5 Zentimeter hoch, auf Spießchen stecken (oder in Würfel schneiden und aufstecken). Auf dem Grillrost von jeder Seite 2 bis 3 Minuten grillen oder mit ein wenig zusätzlichem Olivenöl in der Pfanne braten.

Tipp

Dazu Brotstücke, Streifen von frischem Gemüse wie Gurken, Möhren und Staudensellerie reichen.

reicht für 6–8:

600 g Schweinefilet
2 Knoblauchzehen
1 TL Salz
1 TL gemahlener Kreuzkümmel
1 Messerspitze gemahlener Koriander
1 Messerspitze Cayennepfeffer
2 EL edelsüßes Paprikapulver
frisch gemahlener Pfeffer
5 EL Olivenöl
1 EL Zitronensaft
8 Holzspießchen, etwa 10 cm lang

dauert: 30 Minuten (plus 2 Stunden marinieren)

Geschmackserlebnis

Huhnstücke in Thunfischsauce

1. Das Huhn oder Hähnchen außen und innen kalt abspülen und in einen Suppentopf legen. Staudensellerie waschen, putzen, in Stücke schneiden und zufügen. Die Kräuter waschen, trockenschwenken, je 1 Zweig Petersilie und Basilikum zum Garnieren beiseite legen, übrige Kräuter grob hacken, mit 1 Liter Wasser und 1 Teelöffel Salz zum Huhn geben. Bei geringer Hitze in etwa 45 Minuten garen, Huhn aus der Brühe nehmen und abkühlen lassen. Die Brühe für eine Suppe verwenden.

2. Die Zitrone auspressen. Eigelb, die Hälfte Zitronensaft und 1/4 Teelöffel Salz in einem Schüsselchen verrühren. Nach und nach Olivenöl zugießen und alles zu einer Mayonnaise verarbeiten.

3. Anchovisfilets mit der Gabel zerdrücken. Thunfisch abtropfen lassen und ebenfalls fein zerkleinern. 1 Esslöffel Kapern hacken, mit den Fischen vermischen und mit dem Mixstab pürieren. Die Anchovis-Thunfisch-Paste unter die Mayonnaise mischen. Diese mit dem restlichen Zitronensaft und etwas kalter Hühnerbrühe verlängern, so dass eine dickflüssige Sauce entsteht, mit Salz und Pfeffer abschmecken.

4. Huhn entbeinen, dabei auch die Haut entfernen. Die Fleischstücke in Happen zerteilen und auf eine Platte legen, mit der Sauce übergießen. Mit 1 Esslöffel Kapern und den restlichen Kräutern garnieren.

reicht für 6–8:

1 Masthuhn oder -hähnchen (ca. 1200 g)

2 Stangen Staudensellerie

je 1 Bund glatte Petersilie und Basilikum

Salz

1 Zitrone

1 Eigelb

50 ml Olivenöl

4 Anchovisfilets

1 Dose Thunfisch im eigenen Saft (Abtropfgewicht 150 g)

2 EL Kapern

frisch gemahlener schwarzer Pfeffer

dauert: 60 Minuten (plus 45 Minuten garen)

Tipp

Zu diesem sizilianischen Snack reicht man frisches Weißbrot und gekühlten, frischen Weißwein.

< ***Statt des bekannten Vitello tonnato einmal Pollo tonnato: Huhnstückchen mit köstlicher Thunfischsauce.***

Leberspießchen mit Salbei

Aus der Toskana

reicht für 4–6:

400 g frische Kalbs- oder Rinderleber in etwa 1 1/2 cm dicken Scheiben

6 EL Olivenöl

1 Knoblauchzehe

frisch gemahlener schwarzer Pfeffer

1 TL Fenchelsamen

150 g gewürzter, magerer Südtiroler Speck, dick geschnitten

2 Salbeizweige

lange Holzspießchen

Salz

dauert: 40 Minuten

1. Von der Leber Häutchen und Röhren entfernen. Leber in 2,5 Zentimeter große Würfel schneiden. 3 Esslöffel Olivenöl in ein Schüsselchen geben. Knoblauchzehe abziehen und durch die Knoblauchpresse dazudrücken. Reichlich schwarzen Pfeffer zufügen, Fenchelsamen im Mörser zerreiben, zugeben und alles verrühren. Leberwürfel in dieser Mischung wenden.

2. Speck in quadratische Scheibchen in der Größe der Leberwürfel schneiden. Salbeiblättchen abzupfen. Spießchen leicht einölen.

3. Abwechselnd Leberwürfel, Speck und Salbeiblättchen auf Spießchen stecken. 3 Esslöffel Olivenöl in der Pfanne erhitzen und die Leberspieße bei geringer Hitze 10 bis 12 Minuten rundum braten, bis sie sich bräunen. Spieße auf Küchenpapier abtropfen lassen, leicht mit Salz bestreuen und servieren.

Tipp

Statt mit Leber kann das Gericht auch mit Hühner- oder Putenfleisch zubereitet werden.

∧ ***Salbei wird in der italienischen Küche sehr geschätzt und verströmt schon beim Braten einen herrlichen Duft.***

Aus Andalusien

Lammnierchen in Sherry

1. Die Nieren kalt abspülen, mit Küchenpapier trockentupfen und in kleine Stücke schneiden, dabei die Häutchen und Sehnen entfernen.

2. Knoblauchzehen abziehen und in Scheibchen schneiden. Die Chilischote waschen, putzen und in Stückchen schneiden.

3. Das Olivenöl leicht erhitzen und den Knoblauch darin glasig braten. Das Paprikapulver unterrühren und kurz mitbraten. 4 Esslöffel Sherry unterrühren und bei Mittelhitze etwas verdampfen lassen.

4. Nieren- und Chilistückchen unterrühren, kurz anschmoren, mit etwas Salz bestreuen. Den übrigen Sherry unterrühren und die Nierchen 5 bis 6 Minuten dünsten, dabei gelegentlich umrühren.

reicht für 4:

300 g Lammnieren
2 Knoblauchzehen
1 grüne Chilischote
3 EL Olivenöl
1 TL edelsüßes Paprikapulver
100 ml Sherry Fino
Salz

dauert: 30 Minuten

Die Schärfe von Chili kann gut dosiert werden: Wer es scharf liebt, verwendet Kerne und Trennwände einfach mit.

Orientalisch

Hühnerbruströllchen mit Pistazien in Orangensauce

1. Hühnerbrust waschen, mit Küchenpapier trockentupfen. Die Stücke flach auf ein Schneidebrett legen und mit einem scharfen Fleischmesser quer in der Mitte teilen, so dass insgesamt 8 dünne Scheiben entstehen. Diese flacher klopfen und in der Mitte durchschneiden, leicht mit Salz und Pfeffer bestreuen.

2. 50 Gramm Pistazien im Blitzhacker fein zerkleinern und auf den Scheiben verteilen. Käse in 16 kleine, dünne Scheibchen schneiden und darauf legen. Fleischscheibchen zusammenrollen, die Enden mit Holzstäbchen feststecken.

3. Eiweiß in einem tiefen Teller leicht verquirlen. 50 Gramm Pistazien etwas grober hacken und auf einem Teller verteilen. Fleischröllchen erst in Eiweiß, dann in den Pistazien rollen. Die Nüsse andrücken. Öl in der Pfanne erhitzen. Röllchen bei Mittelhitze rundum etwa 8 Minuten braten, warm stellen.

4. Die Orangen waschen. Von den Orangenschalen mit einem Zestenreißer Zesten abziehen oder mit einem scharfen Küchenmesser feine Streifchen dünn abschneiden und beiseite legen. Den Saft auspressen. Mehl im restlichen Bratfett anschwitzen, mit Orangensaft löschen, aufkochen und mit wenig Salz und Cayennepfeffer würzen. Die Sauce in eine vorgewärmte flache Schüssel gießen, die Röllchen hineinlegen, mit Orangenzesten garnieren und servieren.

reicht für 4–6:

4 Stücke ausgelöste Hühnerbrust (etwa 400 g)

Salz, frisch gemahlener schwarzer Pfeffer

100 g geschälte Pistazien

80 g halbfester, sahniger Käse, z. B. Bel paese

1 Eiweiß

3 EL Sonnenblumenöl

2 unbehandelte Orangen

1 TL Mehl

1 Prise Cayennepfeffer

dauert: 45 Minuten

Weintipp

Genießen Sie dazu einen trockenen Weißwein aus Sizilien.

< Die Pistazienpanade gibt den Hühnerbrusttröllchen Biss. Für den richtigen Pep sorgt die raffinierte Orangensauce.

Ein selbst gemachtes Carpaccio ist mindestens so gut wie beim Italiener.

Carpaccio mit Pecorino

Edel

reicht für 4–6:

200 g gut abgehangene Rinderlende ohne Sehnen und Fett

8 EL feinstes Olivenöl, am besten aus der Toskana

2 EL Zitronensaft

Salz

frisch gemahlener schwarzer Pfeffer

50 g alter Pecorino-Käse, ersatzweise Parmesan

2–3 Zweige Basilikum

dauert: 20 Minuten (plus 60 Minuten anfrieren)

1. Das Fleisch in Frischhaltefolie einwickeln und zum Anfrieren etwa 60 Minuten ins Tiefkühlfach legen. Eine runde Platte mit 2 Esslöffel Olivenöl einpinseln.

2. 6 Esslöffel Olivenöl in ein Schüsselchen gießen. Zitronensaft und eine gute Prise Salz mit dem Schneebesen unterrühren, so dass eine cremige Sauce entsteht.

3. Das Fleisch mit einem sehr scharfen Messer oder mit dem Elektromesser in hauchdünne Scheiben schneiden.

4. Die Scheiben dicht aneinander auf der Platte ausbreiten und mit Pfeffer bestreuen. Mit der Sauce beträufeln. Den Käse mit dem Käse- oder Gurkenhobel in Spänen darauf hobeln. Basilikumblättchen auf dem Fleisch verteilen.

Tipp

- ***Wer die Fleischscheiben noch dünner haben möchte, klopft sie zwischen zwei Lagen Klarsichtfolie vorsichtig mit der glatten Seite des Fleischklopfers.***
- ***Dazu geröstete Weißbrotscheiben servieren.***

Die berühmte Vorspeise kann zusätzlich mit einigen frischen, dünn gehobelten Champignons belegt werden.

Geschälte Tomaten aus der Dose gehören fast zur Grundausstattung. Da sie vollreif verarbeitet werden, sind sie oft geschmackvoller als frische. >

Herzhaft

Fleischklößchen in Tomatensauce

1. Fleisch mit Ei und ausgedrückten Brotkrumen in eine Schüssel geben. Knoblauchzehe abziehen und fein hacken. Petersilie, Salz und Pfeffer zufügen und alles gründlich vermischen. Aus der Masse walnussgroße Klößchen formen und leicht in Mehl wenden.

2. 2 Esslöffel Olivenöl in der Pfanne mittelstark erhitzen. Die Klößchen rundum in 4 bis 5 Minuten hellbraun braten und aus der Pfanne nehmen.

3. Zwiebel abziehen und sehr fein würfeln. Tomaten würfeln. 1 Esslöffel Olivenöl zum Bratfett in der Pfanne gießen, Zwiebel glasig braten. Tomatenwürfel mit dem Saft und dem Lorbeerblatt unterrühren und alles bei Mittelhitze kochen, bis die Flüssigkeit fast verdampft ist.

4. Sherry unterrühren und die Sauce weitere 15 Minuten bei geringer Hitze offen einkochen lassen, mit Salz und Pfeffer abschmecken. Die Klößchen in die Sauce geben und bei schwacher Hitze 15 Minuten darin ziehen lassen.

reicht für 6–8:

500 g gemischtes Hackfleisch vom Rind und vom Schwein, fein durchgedreht
1 Ei
2 EL Weißbrotkrumen, in wenig Wasser eingeweicht
1 Knoblauchzehe
1 EL gehackte Petersilie
Salz, frisch gemahlener Pfeffer
1–2 EL Mehl
3 EL Olivenöl
1 Zwiebel
1 große Dose geschälte Tomaten
1 Lorbeerblatt
200 ml trockener Sherry

dauert: 45 Minuten

Chorizowurst im Cidresud

Tapa aus Nordspanien

reicht für 4–6:

8 kleine, halbfeste Chorizowürste (ersatzweise Debrezinerwürste)
1/2 Flasche trockener Cidre (Apfelwein)
1 Lorbeerblatt
2 säuerliche Äpfel
1/2 Zitrone

dauert: 40 Minuten

Das Beste zum Schluss: würzige spanische Schweinefleischwürstchen in feinem Cidresud.

1. Backofen auf 200 °C (Umluft 180 °C, Gas Stufe 3–4) vorheizen. Die Würste in eine feuerfeste Form legen. So viel Cidre dazugießen, dass sie halb bedeckt sind.

2. Das Lorbeerblatt in kleine Stücke brechen und zufügen. Die Würste auf der mittleren Schiene des Backofens 30 Minuten garen, bis das ganze Fett ausgetreten ist. Die Würste gelegentlich wenden.

3. Die Äpfel gründlich waschen, vierteln, Kerngehäuse entfernen. Die Viertel in Spalten schneiden, leicht mit Zitronensaft beträufeln und auf einem Teller bereitlegen.

4. Nach dem Garen die Würste in dicke Scheiben schneiden und im Weinsud servieren. Apfelspalten dazureichen. Zum Aufpicken Holzspießchen bereitstellen.

Register

Impressum

Die Autorin
Erika Casparek-Türkkan, Reisejournalistin und Autorin zahlreicher Kochbücher, bereist seit rund 30 Jahren den Mittelmeerraum. Nicht nur die Menschen, sondern auch die Kochkultur, die gesunde, einfache Lebensweise und vor allem die wunderbaren Rezepte lernte sie kennen und lieben. Sie selbst stammt aus einer rheinischen Gastwirtsfamilie, in der die Großmutter für Gäste am Herd stand. Von ihr erbte sie nicht nur ihr erstes Kochbuch, sondern auch die Liebe zu einer ursprünglichen, natürlichen, ehrlichen Küche, wie sie auch im Mittelmeerraum gepflegt wird. Die köstlichen Vorspeisen für dieses Buch stammen aus Spanien, Italien, Griechenland und der Türkei. Sie auszuwählen fiel ihr nicht leicht, da es so viele von ihnen gibt. Die besten Rezepte sind in diesem Buch versammelt.

Die Fotografin
Barbara Bonisolli gehört zur jungen Generation der Foodfotografen. Sie liebt gutes Essen und das passende Ambiente, das sie für ihre Fotos auch selbst gestaltet. Barbara Bonisolli arbeitet für Kochbuchverlage, Zeitschriften, Werbe- und Industriekunden. Zusammen mit ihrem Foodstylisten Hans Gerlach, gelernter Koch und Architekt sowie Mitinhaber der Agentur »food & text«, machte sie eigens für dieses Buch die ansprechenden Foodfotos.

Bildnachweis
Alle Bilder stammen von Barbara Bonisolli, München (Foodstyling: Hans Gerlach; Fotoassistenz: Claudia Juranits) mit Ausnahme von:
Gettyone Stone, München: 6 (Joe Cornish), 7 (Nick Dolding); Stock Food, München: 8 (Susie Eising); Südwest Verlag, München: 9 (Martina Urban)

Hinweis
Das vorliegende Buch ist sorgfältig erarbeitet worden. Dennoch erfolgen alle Angaben ohne Gewähr. Weder Autorin noch Verlag können für eventuelle Nachteile oder Schäden, die aus den im Buch gemachten praktischen Hinweisen resultieren, eine Haftung übernehmen.

Impressum
Der Südwest Verlag ist ein Unternehmen der Econ Ullstein List Verlag GmbH & Co. KG, München.

Lektorat: Michaela Röhrl
Projektleitung: Alexandra Endres
Bildredaktion: Tanja Nerger
Foodfotografie: Barbara Bonisolli, München
Foodstyling: Hans Gerlach, München
Produktion: Manfred Metzger (Leitung), Annette Aatz, Monika Köhler
Layout: Lohmüller Werbeagentur, Berlin
Umschlag: Lohmüller Werbeagentur, Berlin; Manuela Hutschenreiter, München
DTP: Andreas Rimmelspacher, Seehausen

Printed in Italy

Gedruckt auf chlor- und säurearmem Papier

ISBN 3-517-06442-4